배민 기획자의 일

배민 기획자의 일

초판 2쇄 발행 2023년 12월 10일
초판 1쇄 발행 2023년 6월 15일

지은이 엄유진, 이후정, 박수아, 최세지, 조유리, 조혜인, 이정윤, 이상운
펴낸이 배충현
펴낸곳 갈라북스
출판등록 2011년 9월 19일(제2015-000098호)
전화 (031)970-9102 / **팩스** (031)970-9103
블로그 blog.naver.galabooks
페이스북 www.facebook.com/bookgala
이메일 galabooks@naver.com

ISBN 979-11-86518-68-7 (03320)

「이 도서의 국립중앙도서관 출판예정도서목록(CIP)은 서지정보유통지원시스템 홈페이지
(http://seoji.nl.go.kr)와 국가자료공동목록시스템(http://www.nl.go.kr/kolisnet)에서 이용
하실 수 있습니다.」

배민 기획자의 일

엄유진
이후정
박수아
최세지
조유리
조혜인
이정윤
이상운

갈라북스

야근하다가 갑자기 삼겹살

때는 어느 봄날, 사무실에서 몇몇 팀원들이 아직 퇴근을 하지 못하고 일하고 있다는 소식에 slack 메신저로 팀장님이 지나가면서 던진 한마디가 있었습니다.

"고생이 많으시네요! 저희 집 앞으로 오시면 제가 삼겹살 쏩니다."

(팀장님은 회사 근처에 살고 있습니다.)

돌이켜보면, 정말로 지나가면서 던지셨던 말 같으나 사무실에 있던 팀원 3명은 바로 택시를 타고 팀장님이 살고 계신 곳으로 날아갔습니다. 그렇게 그날 밤 우리는 어느 뒷골목에 동네 사람 아니면 찾아오지 못할만한 고깃집에서 하얀색 형광등 아래, 노릇노릇하게 삼겹살을 구워서 초록 채소에 싸서 야무지

게 먹었습니다. 팀장님은 조금 당황하셨을 수도 있지만 우리는 배부르고 즐거운 밤이었습니다.

그날 무슨 일로 야근을 하고 있었는지는 기억이 안 나지만 고깃집의 현장만큼은 아직도 생생하게 기억에 남아있고, 그날은 또 다른 의미에서 우리에게 역사적인 날이 되었습니다.

그날 저녁식사 대화 주제 중 하나가 우리 팀에서 주기적으로 진행하고 있는 독서 스터디에 관한 이야기였습니다. 우리 팀은 업무에 도움이 될 만한 책을 함께 읽고 이에 대해 논의하고 인사이트를 정리해 보는 스터디를 주기적으로 (지금까지) 하고 있는데요, 보통 읽게 되는 책들은 IT 업계 사람들이 쓴 책이 많습니다. 우리가 읽는 책들의 저자들에 대해서 이야기꽃을 피우다가 누군가 이렇게 말을 했죠.

"우리도 멀쩡한 회사의 기획자들인데 글을 읽지만 말고 한 번 써보는 건 어떨까요?"

순간 나머지 세 명의 눈빛이 초롱초롱해졌습니다. 대한민국에서 '배달의민족'(배민)을 모르는 사람은 많지 않을 것입니다.

2022년 기준 식음료 앱 1위, 배달의민족 앱 서비스 기획을 하고 있는 우리들의 이야기를 해보는 것은 어떨까? 라는 생각과 함께 그날 이 책에 대한 기획이 시작되었습니다.

　우리는 기획을 하는 방법을 가르쳐 주는 방법론적 이야기보다는, 배달의민족의 기획자 혹은 IT 업계 프로덕트 매니저(PM, Product Manager)로서의 삶이 어떤지 조금은 촉촉하게 이야기를 풀어나가기로 했습니다.
　IT 업계에 취직 또는 이직을 하고 싶다거나, 기획 업무에 대해 호기심이 많다면 이 책을 읽고 기획자라는 직업이 어떤 것이고 기획자들의 삶은 어떤지 조금이라도 이해도가 올라가는데 도움이 되기를 바랍니다.

들어가는 글

1

기획리뷰 후엔 곱창을 먹는다

○ 오늘 저녁 곱창 고?
○ 점이 선이 되는 과정

_ 엄유진 (배민의 홈 PM)

호기심이 많아 스타트업부터 패션회사까지 단기간 이직 경험이 많은 팀 내 대표 MZ세대 기획인입니다. 정신차리고 이젠 배달앱 한우물만 깊게 파려고 다짐 중이지만 끈기가 살짝 부족한편이에요. 초반에는 낯을 많이 가리는데 요즘엔 방이동에서 회사의 다양한 사람들과 어울리며 술잔을 기울이고 있는 나 자신을 발견하고 있습니다.

오늘 저녁 곱창 고?

재택근무를 하고 있었고, 빨리 퇴근해서 침대에 누워 아무 생각없이 쉬고 싶은 날이었다. 방금 막 개발자와 QA담당자분들 앞에서 화상회의로 기획리뷰를 끝냈는데 그 리뷰 자리는 흔히들 털렸다고 하는 그런 시간이었다. 리뷰 내내 식은땀이 이마와 등줄기를 타고 흘러내렸고, 리뷰를 듣는 사람들 조차 불안하게 만드는 표정을 내가 짓고 있었다. 창백한 얼굴로 입사한지 얼마되지 않은 티를 팍팍 내며 모르는 질문들과 생각해보지도 않은 기획의도에 대한 물음에 연속으로 버벅거렸다.

이 회사에 입사해서 처음으로 무언가 제대로 맡은 업무였고 잘 해내고 싶은 마음이 컸던 탓에 더 악화된 것 같다고 스스로를 다독이며 구글 화상회의 종료버튼을 누르고 모니터 앞에서 한숨을 쉬며 '이 일이 적성에 안맞나?' 라는 생각과 '더 준비를 했어야 하는데…'라며 자책을 하는 중이었다.

입사한 지 2달이 되었지만 재택입사와 길어진 재택근무 탓에 아직 팀원 분들과 같이 제대로 된 이야기도 많이 못해 봤을 뿐더러 저녁을 먹은 적도 없었는데 팀내 L과 J가 리뷰가 끝난 시점에 바로 회사 메신저로 내 이름을 부르며 곱창을 먹자고 말을 걸어왔다.

회사에 출근을 하지도 않았고 재택을 하면서 번개성 회식이 가능할 것이라고 예상을 전혀 못했기 때문에 누군가와 어울리는 것을 좋아하는 나 조차도 당황스러운 순간이었다.

갑작스러운 첫 번개요청. 적당히 둘러댈 말을 찾다가 "집 근처로 오시면 나갈께요"라고 대답을 했다. 당연히 '그럼 다음에 먹어요'라고 답변이 올거라는 나의 예상과는 다르게 정말 굳이 우리집 근처까지 와서 곱창을 먹겠다는 L 과 J. 택시를 타고 집 근처까지 빨리도 도착하셨다. 그래도 집 앞까지 오신 두 분을 아무거나 대접할 수는 없었고, 명확하게 곱창이라는 메뉴를 선정해 준 것에 대해 속으로 굉장히 고마워하면서 이 동네에서 제일 유명한 곱창 맛집으로 안내했다.

곱창이 불판에서 지글지글 익어가는 동안, 같이 나온 뚝배기 계란찜 겉부분이 살짝 타는 것을 바라보며 무슨 말을 먼저 꺼내야 할지 머리를 굴렸다. '예의상 첫 잔은 소맥!'이라고 운을 띄우고 어색한 분위기를 바꾸기 위해 3잔의 소맥을 시원하게 말아 각자 앞에다 두었다.

건배를 하고 '캬~' 소리가 난 후에 J가 물었다.

"유진님 요즘 일 하는건 어떠세요?"

순간 뭐라고 대답을 해야 좋을 지 몰라서 "쉽지 않네요"라고 황급히 말을 아꼈다. 정말로 곱창이 빨리 다 익어버렸으면 좋겠다는 생각을 하며 적막을 견디고 있었는데 "어떤 부분이 가장 어려워요?"라는 물음이 되돌아왔다.

순간 '오늘 리뷰가 있었는데 정말 털렸고 제 고민은···'이라고 말이 바로 입밖으로 바로 튀어나올 뻔 했지만, 그래도 첫 저녁자리인데 '진지한 얘기는 하지 말자'라고 혼자 속으로 다짐하며 최대한 담백한 말투로 대답했다.

"음. 정책도 계속 변경이 되고, 상위의 결정들도 변동이 되어서 제가 어떤때는 양치기 소년이 된 것 같은 느낌이 들 때가 있어요"라는 PM이 가질 수 있는 상투적인 고민에 대한 답변을 했더니 두 분은 격하게 공감하는 표정을 지으며 "저희 다 똑같죠 뭐, 짠 합시다."

타이밍 좋게 곱창이 갈색으로 맛있게 변했고, 한 잔 두 잔 마시다 보니 맥주가 흥을 돋구었다. 배도 부르고 취기도 올라 서로 간의 경계가 많이 허물어진 상태가 되었다. 회사에서는 금기시 될 만한 개인적인 질문들도 해보고 아무말대잔치의 끝판왕까지 깨버렸다. 오늘 있었던 나의 폭망한 리뷰와 일 걱정은 전혀 떠오르지 않을 만큼 꽤 즐거운 시간을 보냈다.

2시간 정도가 지났는데 많이 친해진 것만 같은 기분이 들었다. 저녁을 같이 먹지 않았다면 이 재미있는 시간을 놓쳤을 수도 있겠다는 생각이 들었다. 심지어 2차까지 가서 다음날의 숙취 같은 건 전혀 걱정을 하지 않은 채 오랜만에 소주와 맥주를 내가 마실 수 있는 최대한으로 들이켰다.

무슨 이야기가 오갔는지 지금은 정확하게 기억이 나진 않는다. 또한 정확히 나의 걱정과 고민을 털어놓은 시간도 아니었기 때문에 아무것도 해결되지는 않았다. 하지만, 한 가지 확실한 건 우리는 한 공간에 있었다. 내가 이 팀에서 업무를 할 때 함께 공감하고 지지해주는 동료들이 생겼고 나의 걱정과 생각들이 나만의 것이 아니라는 것은 정확히 느낄 수 있었다.

나는 정말 인복이 좋게도 정식으로 신입사원이 되었을 때부터, 그 전으로는 인턴시절을 겪을 때부터 좋은 동료들이 함께했다.

신입사원으로 입사한 회사는 여행 플랫폼을 만드는 회사였다. '여행을 좋아하는 사람 중에 나쁜 사람은 없다'라는 여행사에서 만든 억지 일반화의 문장도 사실이라고 믿게 될 만큼 서로 아껴주고 지지해주는 사람들에게 일을 배우고, 도움을 받았다.

그 다음의 회사들도 그 안에서 동료들 간의 크고 작은 트러블은 있었지만 아직도 연락하고 지내는 좋은 분들이 대부분이며, 나를 지금까지 어려운 사회생활 속에서 건강하게 잘 성장할 수 있게 해준 고마운 분들이다.

이직을 할 때도 가장 걱정이 되었던 건 '이런 좋은 사람들을 또 만날 수 있을까?'라는 생각이었다. 다른 고민들을 다 떠나서 항상 지금 나와 함께 하고 있는 좋은 동료들과 헤어져야 한다는 아쉬움이 가장 크기 때문이었다. 그런 나에게 이번 회사에서도 먼저 손을 내밀어준 동료들이 있다는 건 이 회사에 합류하기 전에 가졌던 모든 걱정과 아쉬움을 전부 기우로 만들었다.

다른 직무도 크게 다르지 않겠지만 PM이라는 직무는 언제나 고독하고 외로운데 늘 여러 부서의 많은 사람들 사이에 둘러싸여 있는 직업이다. 즉, 혼자지만 혼자서 할 수 있는 것은 아무것도 없다. 내가 기획한 것을 결과물로 완성하려면 언제나 '왜? 어떻게? 언제까지?'라는 모두의 물음에 설득할 수 있는 답변이 철저하게 준비가 되어 있어야 하고, 꼭 오픈을 해야하는 정해진 일정이 있다면 서로의 일정 테트리스를 진행해서 억지로라도 끼워 맞춰서 일정을 맞추어야 한다.

내가 맞는 방향대로 잘 기획하고 있는지, 내 기획안은 정말 이해하기에 괜찮은 건지, 어떤 문제가 있어서 리뷰 때 반응이 별로 없던 건지 등등을 파악하기 위해서는 함께하는 동료들의 객관적인 피드백도 필요하고 감정적인 위로가 또한 정말 중요하다.

    화상으로 기획리뷰를 진행할 때는 질문이 한 개도 없는 고요한 적막을 견뎌야 할 때도 있다. 그럴 때는 우주 같은 무한한 공간에서 혼자 이야기하는 기분이 들 때가 있어서 누구라도 아주 미세한 반응이라도 피드백을 해 줬으면 좋겠다는 마음이 간절한데, 이 부분에 대해서 함께 괴로움을 토로하고 공감할 수 있는 사람은 같은 직무를 가진 역시나 동료밖에 없다는 생각이 든다. 물론 지금 생각해보면 그 고요함은 나조차도 확신이 없는 내 기획안은 당연히 모두에게 확신이 없고 설득이 되지 않아 질문할 포인트와 가치도 없어졌기 때문에 발생한 상황이지만.

    얼마 전 미국의 그래픽디자이너인 셰퍼드 페어리 전시를 갔는데 "NO BEES, NO HONEY"라는 포스터가 있었다. 무언가 차가운 느낌이 나는 파란색, 강렬한 빨간색, 따뜻해 보이지만 심지어 파란색과 대비되어 약간 무서운 느낌을 주는 노란색까지 그 색감의 조화가 너무 좋아서 오랫동안 감상하고 있던 중 여러 곳에서 그 작품을 해석하는 대화가 들렸다.

    그 작품을 보고 있던 한 아이와 함께 온 아빠는 아이에게 "저 그림에 쓰여진 문장 보이지? 벌이 없으면, 꿀이 없다는 뜻이야. 우리가 자연을 파괴하면 우리는 꿀을 얻을 수 없다는 거지…"라는 설명을 했고, 옆에서 구경하던 어떤 커플 중 한 명은 "벌이 없으면, 꿀이 없다는 뜻인데 우리가 노력하지 않으면 얻을 수 없다는 거야. 우리 열심히 살아야 해"라고 해석을 하였다.

작가가 아무 생각없이 또는 당연한 의미로 사용했을 수도 있는 문장인데, 그 하나의 문장을 보고 여러 해석들이 나올 수 있다는 것과 심지어 그 해석들에도 타당한 이유가 있다는 것이 흥미로웠다. 6년전 쯤 영어공부를 하면서 해당 문장을 관용구로 배웠을 때는 커플의 해석이 맞았는데, 아빠가 아이에게 했던 설명이 틀렸다고 할 수 있을까?

PM이 하는 업무 중 특히 중요한 부분은 문서로 정책서를 정리하는 것이다. 내가 쓴 정책서 내의 문장과 단어를 사업 운영주체, 유관 부서의 PM, 앱 개발자, 서버 개발자, QA 담당자가 읽는데 내가 섬세하게 문장의 의미에 대해서 주의를 기울이지 않으면, 심지어는 틀린 문장이 아니라해도 하나의 문장에서 여러가지 해석과 오해를 낳을 수 있다. 그러면 내 기획안을 읽을 때 각자 다른 해석을 내놓고 작업을 하게 되고, 다른 결과를 만든다. 최종적으로는 커뮤니케이션 비용, 일정, 인력 등에 엄청난 비효율이 발생하게 되는 것이다.

내가 작성한 하나의 문장을 내 의도와는 다르게 해석하는 사람에게 문제가 있다고 단정지을 수 없다. 내가 가진 생각들을 모두가 같은 방향으로 이해할 수 있도록 표현하는 것이 나의 역할이고, 아직도 많이 어렵다. 이럴 때에도 다른 시선을 가진 바로 옆 동료분들의 도움이 최고다. 잡담과 많은 대화로 형성된 나름의 끈끈한 관계에서는 서로 간의 신뢰가 생기고, 서로에게 도움이 되고 싶다는 마음이 자연스레 생긴다. 그래서 나는 항상 창피함을 무릅쓰고 최대한 오픈된 공간에 나의 기획안을 작성하여 도움을 요청하고는 한다.

회사마다 PM들이 사용하는 툴이 다른데, 지금의 회사에서는 컨플루언스(흔히 위키라고 부르는)라는 프로그램을 사용하여 개인공간과, 공용공간에 따로 문서를 작성할 수 있다. 물론 개인공간에서 기획안을 완성하고 공용 공간에 옮겨 오픈하는 PM분들도 많지만, 나는 누구나 언제든 나의 기획안을 볼 수 있고 피드백이 가능할 수 있도록 먼저 공유한다. 이것은 나를 믿어주고 도움이 되어 주려는 좋은 동료들이 있기 때문에 할 수 있는 행동이고, 그 이후에는 나 또한 항상 감사한 마음으로 그 분들의 피드백을 받아들인다.

좋은 동료가 된다는 건 단순히 친해지고 유대가 생긴다는 것 만을 의미하지는 않는다. 몇 달 전 브라이언 헤어와 버네사 우즈가 집필한 '다정한 것이 살아남는다' 라는 책을 읽었는데,(표지가 예뻐서 구매한 책 치고는 내용이 너무 완벽했다.) 저자는 이 책에서 "적자생존은 틀렸다. 진화의 승자는 최적자가 아니라 다정한 자였다"라는 주장을 펼친다. 진화에는 '경쟁뿐만 아니라 협력이 더 중요하다'라는 뜻을 내포하고 있다.

결국 행복해지고 살아남는 건 '얼마나 많은 적을 정복했는지가 중요하지 않고, 얼마나 많은 친구를 만들었느냐'로 평가해야 한다는 내용이다.

종종, 회사에는 비밀로 하고 싶은 이야기이지만 프로젝트를 오픈했을 때 가벼운 혹은 살짝 무거운 오류가 발생할 때가 있다. 이 때 작업자를 제외하고는 아무도 모르거나 소수만 알게 된 경우에는 장애공지 없이 '잠수함 작전'(아무도 모르게 개발자와 협의해서 오류 수정)으로 진행하게 될 때가 있다. 이런 작전을 사용하려면 개발자와 발견자와의 친분이 있어야 가능한 것도 사실이며, 서로를 믿어주지 않으면 사실상 불가능하다. 물론, 잠수함 작전을 사용하기 전과 후로 그 친밀감의 농도도 달라지기도 한다. 여기에서 그럼 처음에는 어떻게 친밀감을 쌓나요? 라는 의문이 있을 수 있는데, 저자의 이야기에서도 그 부분에 대한 해결책이 나온다. 서로 다른 집단 사람들과 자주 접촉할 수 있는 환경을 만들라는 조언이다.

요즘의 회사문화에서는 재택을 하게 될 경우도 있고, 서로 간의 개인적인 친밀감을 쌓기 어려운 분위기 일 수 있다. 하지만 그러한 상황에서도 서로 선을 넘지 않으며 존중하는 관계로 온라인 또는 오프라인에서 최대한 많이 접촉을 하는 것이 나의 업무 효율성과 생산성을 높일 수 있다고 생각한다.

다정함의 힘을 믿는 나도 모두에게 편하고 도움이 되는 동료가 되고 싶었고 그러한 동료들이 옆에 먼저 있어주었다. 언제나 화기애애한 팀 분위기 속에서 서로 돕고 베풀며 일 할 수 있다는 것은 행운이고 축복이다.

오늘은 옆자리 동료의 얼굴이 잿빛이다. 이제는 내가 그분의 어깨를 톡톡 치며 묻는다.

"혹시… 오늘 저녁 곱창 고?"

점이 선이 되는 과정

"Connecting the dots."

점들의 연결. 지금은 너무 유명하며 스티브 잡스의 스탠포드 대학교 연설문이기도 했던 이 문장. 내가 어렸을 때부터 지겹도록 많이 들은 말이기도 하다. 나는 4살 정도부터 꾸준히 그림 그리는 것을 좋아했고 꽤 나름 재능이 있어 미대까지 졸업했다. 그림을 그릴 때 항상 강조하는 것과 근본이 되는 것은 점, 선, 면. 점이 모이면 선이 되고 선이 모이면 면이 된다. "면으로 그려라"는 말은 "선을 여러 개 겹쳐서 그려라"라고 해석을 할 수도 있다. 언제나 그림은 점과 선과 면이 모여서 완성이 된다.

점. 경험과 가치관

특히 나의 인생의 가치관은 소비를 통해서 형성될 때가 많았기 때문에 내가 사보고 먹어보고 배우고 가보기 위해 지불했던 비용은 전혀 아까웠던 적이 없다. 특히나 경험을 사는 것이라 생각하면 더욱 그 비용이 가치있게 느껴졌다. 무엇을 사면서 작은 실패들을 겪어보고 그 실패를 통해 배우는 게 있었으며 우연히 발견한 좋은 아이템을 위해 집 구조를 변경하게 되거나 생활이 극적으로 편리해지는 경험을 하게 되면 그 희열은 이루 말할 수 없었다. 나와 같은 느낌을 느껴본 분들이라면 모두가 공감할 것이다.

　　유럽으로 여행을 갈때면 관광지도에 매번 꽃시장이 표기가 되어있고, 호텔 리셉션에서 오늘의 루트를 추천받을 때도 꽃시장 이야기를 빼놓지 않는다. 나는 여행을 가서 꽃을 왜 사야하는지에 대해서 의문을 가지고 있었고, 원래도 꽃에 관심이 없었기 때문에 꽃시장 추천을 받을 때마다 '꽃시장을 왜 이렇게 추천해주는거야?' 라는 생각을 가지며 건성으로 듣고 한 두번 지나쳐가면서 가볍게 보곤 했다.
　　어느날 아는 지인분과 유럽여행 이야기를 하다가 "유럽에는 꽃시장은 왜 이렇게 많은 걸까요?"라고 가볍게 물었더니 "선진국의 삶의 기준은 아침에 꽃과 빵을 같이 사는 여유가 아닐까요?"라는 대답을 해 주었다. 이 대답이 내가 가지고 있던 의문을 바로 풀어주었다. 유럽인들에게 꽃이라는 건 분위기를 바꿔주는 장식품 또는 축하를 기념하는 선물만을 의미하는 것이 아니고, 꽃의 가치는 아침식사와 동등하게 중요한 것임을. 그리고 그 소비는 마음의 여유까지 포함한다는 것을.

　　그날 이후로 나는 꽃을 자주 샀다. 나에게도 꽃이 중요할 수 있는지, 아침식사와 같은 의미를 지닐 수 있는 지 궁금했다. 그리고 재택근무를 하는데 집의 분위기가 너무 어둡고 고요했기 때문에 환기시킬 목적도 있었다.

집 앞의 꽃집에 가서 다양한 꽃을 골라서 사왔다. 꽃을 사와서 잔가지들을 잘라 꽃병에 꽂아주고 매일매일 물을 갈아주는 행동이 여간 귀찮은 일이 아니었다. 비록 1주일 정도 뒤면 시들어 쓰레기만 늘어나게 하는 존재지만, 그 1주일 내내 예쁘게 피어있는 꽃이 집 분위기 전체를 바꿔주어 하루종일 기분이 좋았다. 조금씩 더 피고 조금씩 시드는 모습이 신비롭기까지 했다.

내 '최애' 꽃도 생겼는데 핑크와 코랄빛이 나는 영롱한 색의 '글라디올러스'라는 꽃이고, 필 때와 질 때가 모두 예쁘다. 꽃말은 밀회, 비밀, 조심, 묻어줌, 상상, 견고함, 젊음, 열정적인 사랑, 주의, 경고 등의 다양하게 갖고 있어 누구에게 선물을 한다면 조금 혼란을 줄 수도 있는 매력적인 꽃이다. 결론적으로 나에게도 꽃을 사는 것이 중요한 소비로 자리잡았고 소소하게 행복감을 주기도 한다.

직접 경험해보고 느껴보기 전까지는 온전히 이해하기가 어려운 것들이 많다. 나와 다른 사람들의 생각과 행동을 이해하려면 종종 동일한 경험을 편견없이 따라해보는 것이 매우 도움이 되었다. 많은 사람들과 협업을 하고 대화의 흐름과 상황을 진심으로 이해하는 마음을 갖기는 어렵고, 가끔은 거짓으로 "이해한다" 또는 "동의한다" 라는 말을 건넬 때도 있다. 그럴때마다 각자의 이유가 있을 것이고, 의미가 있을 것이다 라는 말을 되뇌이는데, 이 과정은 타인에 대한 진심어린 이해를 위한 연습과정 중 일부가 되었다.

최근 나에게 큰 고민을 주었던 누군가의 한가지 물음은 "당신은 요즘 무언가에 가장 깊게 몰입을 해본적이 있나요?"라는 물음이었다.

곰곰히 생각했을 때 정확하게 떠오르는 것이 없었다. 또한 나는 추진력에 비해 끝까지 유지하는 끈기가 조금 부족한 성격이어서 주로 이것저것 도전하고 맛보고 즐기고 경험하는 것을 항상 좋아했기 때문에 지금까지도 오래 유지한 것은 손에 꼽는다. 가장 좋아하는 것, 가장 하고싶은 것, 가장 사고 싶은 것에 대한 질문은 항상 나에게 가장 어려운 질문이었고, 어떤 답변을 해야할지 고민하는 시간이 꽤 오래걸렸다.

작년에는 '내가 가장 좋아하는 것은 정말 뭐지?'를 한달 가량 생각하다가 답을 찾지 못해 살짝 우울해진 적도 있었다. 모두가 다 할 수 있는 대답을 나는 할 수 없는 것처럼 느껴졌다. 이내 나는 답을 내리는 것을 포기하고 요즘 내가 관심이 있는 것들에 대해 집중하기 시작했다. 와인, 위스키, 골프, 필라테스, 여행, 소설책, 다큐멘터리….

벌써 한 손의 손가락을 넘는 개수이지만 추려졌다는 사실만으로도 기분이 금새 나아졌다. '꼭 한 가지에만 몰입을 해야하는건 아니잖아'라고 혼자 다독이며 꾸준히 여러가지에 몰입하려고 노력 중이다. 나의 다양한 취미들은 곧 나에게 좋은 영향으로 다가왔다. 여러 분야를 경험하면서 서서히 나에게 맞는 것과 맞지 않는 것은 자연스레 구분이 되었다. 물론 고정은 아니다.

- 좋아하는 것: 와인, 위스키, 골프, 필라테스, 여행, 소설, 수영, 커피, 자전거, 꽃, 운동화…
- 좋아하지 않는 것: 테니스, 요가, 낚시, 스키, 러닝, 먹방, 소주, RPG게임, 전동 킥보드, 디저트…

좋아하는 것과 좋아하지 않는 것을 구분해내면서 나의 취향이 만들어지기도 하였고, 좋아하지 않는 것을 알려면 직접 경험해 봐야하기 때문에 그에 대한 이유도 알게 되었다.

위스키를 좋아하게 된 이유도 1년 반 전 남산이 보이는 창문 앞에서 책을 읽을 수 있는 바에 방문한 적이 있었는데, 그날에는 괜히 알지도 못하는 위스키를 한 잔 시키고 싶었다. 위스키 한 잔과 책 한권이라면 그 날은 충분할 것 같았다. 아주 작은 잔에 조금 따라 나온 위스키를 한 모금 머금고 삼켜보니 그 곳의 낭만적인 분위기와 코 끝에 남는 알콜 그리고 나무향이 나의 상상보다 훨씬 완벽했다. 곧 위스키에 대해 공부하고 종류별로 맛보고 싶어 하나씩 사들였다. 집에는 늘어나는 위스키를 보관할 공간도 필요해 최신 유행하던 미드모던센추리 풍의 장을 구매하였고 그 장에 따라 집 구조도 바꿔버렸다.

무엇을 소비를 하는 것은 단순히 구매하는 것이 아니며 나의 경험을 구매하는 것이라 생각한다. 더 나아가서는 나의 가치관과 삶까지 바꿔주는 행위라고 더욱 확신한다.

내가 좋아하는 것에 집중을 하고, 좋아하지 않는 것을 파악하는 과정은 나에 대해 더욱 잘 파악할 수 있다는 점도 있지만, 다양한 경험을 통해 얻게 된 넓은 시각과 얕은 소재들로 대다수의 사람들과 어색하지 않은 대화를 할 수 있었다.

대화를 잘 할 수 있다는 건 주변 사람들과의 친밀감을 쌓기에도 좋을 뿐더러 새로운 모임에 가게되거나, 의외로 면접을 볼 때 또는 회사에서 업무를 할 때까지 자신감을 주고 효율성을 높여줄 때도 많다. 가령 회사에서 프로젝트를 진행할 때, 업무적으로 급하게 처리해야 되거나 확인이 필요한 부분이 있을 경우에 대화를 한 번이라도 해 보았던 분들과의 소통에서는 서로 간의 오해와 부담이 적었고, 같은 프로젝트를 진행하는 분들과 의견 충돌이 있을 경우에도 어렵지 않게 조율을 할 수 있다.

의견 조율을 할 때에는 나와 다른 의견도 수용하지만 내 의견을 설득하는 과정을 꼭 거쳐야하는데 대화의 중간이라고 생각하면 설득과 납득이 그리 어렵지만도 않았다.

여러 경험을 통해서 나의 많은 것이 변하지만 특히나 가치관의 변화는 나를 좀 더 유연한 사람으로 만들었다. 여러 관심사를 가지며 새로운 서비스를 많이 사용해보게 되는데 자연스레 다양한 서비스에 대한 학습을 하게 되며, 회사에서 새로운 프로젝트를 맡는 것도 거부감이 없어졌다.

가장 장점으로는 업무를 진행하는 중간에 자주 바뀌는 업무 방향성과 일정, 새롭게 추가되는 스펙 등은 PM들이 가장 힘들어하는 부분 중 하나일 수 있지만 그런 변동성에 크게 스트레스를 받지 않고 유연하게 대처할 수 있게 될 수 있었다.

변화와 새로움에 대해서 큰 거부감이 없다는 것은 내 가치관 또한 다양한 경험을 통해서 유연하게 바뀌어 왔기 때문이 아닐까.

선. 전공

PM들의 전공을 파악해보면 실로 다양하다. 경영학과, 컴퓨터공학과, 정치외교학과, 산업디자인과, 국문학과 등등 어떤 전공이 이 직무에 맞는 지 아직도 모르겠다.

내 전공은 시각디자인학과이다. 내 전공을 들은 사람들 대부분 또는 학교 선배 등은 내가 미술 또는 디자인의 영역으로 가지 않은 이유에 대해 궁금해한다.

"디자인은 왜 안하게 되었나요?"라는 질문에는 가장 대답하기 쉬운 답변은 "재능이 없다는 걸 알게 되어서요"라는 대답이었다.

이러한 대답에는 모두가 '아 그렇군요'라고 끄덕이며 더 디테일한 질문을 받지 않을 수 있기 때문이기도 하였고 어느정도 사실이기도 하였다. 한 가지를 오랜 기간 워낙 열심히 했었고, 내 자신 조차도 재능도 있다고 생각했었다.

대학에 가기 전까지는 대학교에 가게 되면 내가 원하는 것을 많이 창작할 수 있고, 어릴 때부터 최종적으로는 꿈에 그리던 디자이너나 작가가 되겠구나를 많이 상상했었다. 그러나 막상 대학교에 입학하게 되니 생각과는 다른 커리큘럼과 앞으로의 직업, 내가 상상했던 미래와 큰 괴리감이 생겼다. 그리고 그곳에서 정말 벽처럼 느껴지는 천재적인 재능을 가진 친구들을 만날 때면 '어떻게 저런 생각을 했지?'로 시작해서 '내가 1등이 되지 못한다면 좋아하는 것과는 별개로 이 분야에 남아 있는 것은 의미가 없겠다'라는 결론으로 이어졌으며, 너무 많은 그림을 그리고 만들었기 때문인지 모르겠지만 예술적인 무엇을 생산해 내는 게 점점 즐겁지가 않았다.

대학교 1학년을 보내고는 이 길은 내가 가고 싶은 길이 아니었구나 라는 확신이 생겼다. 2학년부터는 필수 전공수업만 듣고 마케팅, 브랜딩, 광고, 교환학생, 인턴십 등으로 학점을 채워서 간신히 졸업했다. 대학 입시를 준비하기 위해 누구나 다 그랬듯 매일 12시간 넘게 엉덩이를 붙여 그림만 그리며 노력했던 날들이 있었고 노력해서 온 학과였지만, 전공을 따라가지 않는다고 해서 그 시간들이 눈꼽 만큼도 아깝거나 아쉽지는 않았다. 내 나름대로의 끝까지 해보니 포기가 쉬웠다.

만약 지금 당장 누군가가 정말 고전적인 질문인 "다시 돌아가도 같은 전공을 선택하시겠습니까?"라는 질문을 던진다면 지금 상황에서의 PM들은 "컴퓨터공학을 배워 개발자가 되겠습니다"라고 말하려는 분들도 많겠지만(물론 컴퓨터공학을 전공해 PM이 된 분들도 많다), 곰곰히 생각해보면 나는 "무조건 같은 선택을 할 것입니다"라고 대답할 것이다.

내가 선택한 분야를 끝까지 가보았을 때, 최선을 다해 노력했을 때, 한계를 보았을 때에는 나의 결정에 대해 내가 기꺼이 책임을 질 수 있었다. 지금도 그때의 노력들이 내가 나를 믿을 수 있도록 돕는다. 내가 결정한 현재 나의 직무, 내가 추진한 기획과 내가 하는 업무에 확신이 들지 않을 경우에도 내가 최선을 다하고 마지막까지 노력했는지를 알고 있다면 금세 확신이 생긴다. 처음과 끝의 경험을 통해 얻은 자신감 덕분이었다.

면. 사회생활

사회 초년생때 내가 어떤 일을 하고 있는지 정체성을 찾는 과정이 길어져서 경력에 비해 이직이 좀 잦았다. 대학 졸업 후 첫 회사는 모 대기업에서 파생된 여행플랫폼을 만들고 운영하는 회사였다. 그 회사에서 마케팅 부서에서 이벤트 페이지 기획과 사이트 관리를 하는 신입을 뽑길래 재미있을 것 같아 PT 면접까지 보고 치열하게 입사했다. 이 당시엔 내 업무를 PM이라는 단어로 정의하기 어려워서 사실 정확히 무슨 일을 하는 지 모르고 입사했다. (알고보니 지금 내가 하는 PM의 역할이었다.) 아무것도 모르는 초짜 신입이라 업무 파악에 시간이 걸렸기 때문에 앱/웹 기획업무 보다는 여행하는 데에 시간을 더 많이 쓴 것 같긴 하지만.

어느정도 업무파악이 된 후에 해외 패키지 여행상품판매 사이트와 일본전문 자유여행 상품판매 사이트를 담당하고 기획 하였는데, 점점 일을 진행하면서 제대로 기획의 초기단계부터 학습되지 않은 상태에서 외주 업체의 기획을 관리하고 피드백을 주는 업무를 맡는다는 게 모순처럼 느껴졌다. 이대로는 내가 PM으로 성장하기는 어려울 것 같다는 생각이 들었고, 인생의 선배들에게 조언도 많이 구했다. 물론 굳이 바닥부터 전부 다 배울 필요는 없다라고 조언해주는 분들도 계셨다. 하지만 나는 처음부터 앱을 기획하고 일정을 관리하는 프로세스를 배울 수 있는 에이전시로 가야겠다는 생각 뿐이었다. 업무의 A-Z를 제대로 배우고 싶었다.

약 2년 반 동안 다니던 안정적이고 편한 회사를 그만두고(코로나 시국에 많은 여행업 회사가 없어질 줄은 꿈에도 몰랐다) 중국자본이 잔뜩 들어간 한국지하철 앱을 만드는 에이전시로 이직을 했다. 에이전시이지만 자체 개발한 앱을 가지고 있는 회사였다.

커머스 앱을 보다가 서비스 앱을 기획하게 되었을 때는 매일매일이 새로웠다. KPI뿐만 아니라 모든 지표들과 목표가 달라졌기 때문에 어렵기도 하고 신선했다. 또한 한 팀이 하나의 스타트업 회사처럼 지하철 앱을 기획, 개발, 관리, 영업해야 하는 구조여서 빠르지만 불안정하게 서비스를 런칭해야 했다. wbs, 스토리보드, api… 등등 전문적인 느낌이 물씬 나는 기획 용어와 작성방식을 배웠다. PM이 제휴사와의 영업 미팅에 나가는 것도 대다수였지만 이 경험은 훗날 내가 어떤 업체를 만나도 쪼그라들지 않는 배포를 가질 수 있도록 만들어주었다. 물론

PM이 그렇게나 많은 업체를 만날 일은 거의 없을지도 모른다.

세번째와 네번째 회사는 두번째 회사에서의 상사였던 팀장님이 패션커머스 쪽으로 이직을 하시면서 스카웃 제안을 해주셔서 함께 이동을 했다. 패션회사의 어플들은 충분히 나에게 매력적이었고 여러 기획자들이 함께 일하는 곳에서 처음 나의 담당 도메인도(도메인이란 홈메인, 회원, 검색 등의 각 지면을 의미한다.) 갖게 되었다. 같은 팀내의 다른 기획자들과 함께 일하면서 의견을 나누는 경험을 이 시기에 처음 해보았는데 PM업무를 하며, 서로에게 조언과 응원을 해줄 수 있다는 것이 정말 든든하고 의지가되는 소중한 경험이라는 것을 배웠다.

패션과 커머스는 상상 그 이상으로 모든 게 빨리 변화하기 때문에 숨쉴 틈 없이 어플에 기능들이 추가되었다. 옷의 키워드를 자동으로 긁어올 수 있는 크롤링 기능이라던지, 입어보지 않아도 사이즈를 예측하여 추천할 수 있는 기능, 라이브를 진행할 수 있는 기능, 이미지로 비슷한 패션을 찾아주는 이미지 검색 기능 등등… 하나의 어플리케이션 안에서 이렇게나 다양한 기능을 접목시킬 수 있다는 점에서는 지루할 틈이 없었다. 매 시즌별 새로운 패션이 탄생하듯이 매달 새로운 기능을 오픈했기 때문에 단기간에 가장 많은 기획안을 작성한 시기였다.

어디서도 할 수 없는 정말 좋고 값진 프로젝트들이었지만 너무 많은 유입에 조금씩 지쳐갔다. 이 시기에는 나의 PM업무 방향성에 대한 고민을 많이 했는데 결론적으로는 '빠르고 가볍게'에서 '한가지를 깊게' 기획하고 싶다로 변해갔다.

이후 한번 더 이직으로 현재의 배달업계에 조인하게 되었고, 배달앱의 메인과 공통영역 등의 도메인 맡아 PM의 직무로 새로운 서비스와 문화에 대하여 '천천히 그리고 깊게' 배워나가고 있다.

내 삶에서 전혀 필요하지 않은 시간들은 없었다.

첫번째 회사에서는 내 직무에 대한 정체성을, 더 배워보고 싶은 욕구를,

두번째 회사에서는 디테일한 업무 경험과 조금 커진 나의 업무 역량을,

세번째 네번째 회사에서는 전문적 도메인 지식과 여러 기획자들과 일하는 방식을,

지금의 회사에서는 공유하고 존중하는 커뮤니케이션 문화와 매너를 배우고 있는 중이다.

나의 점과 선과 면들. 그 모든 것들이 모여서 지금의 나라는 그림이 되었다.

무언가를 소비하면서 얻은 경험과 가치관, 미대와 입시에 쏟은 돈과 시간, 이직을 하면서 새로운 사람들과의 핏을 맞추는 경험, 미묘한 텃세에 나를 낮추고 적응하면서 갖는 분위기 파악 방식, 이런 것 까지 겪어야 하나 생각하며 마음 쓴 시간들, 당시에는 크게 비효율이라 생각했던 그 모든 것들이 지금 나의 삶에 조금씩 스며들어 큰 영향을 끼치고 있다. 모든 경험이 나는 지금의 내가 좋아하는 나의 모습을 만들었다. 그러한 경험들이 모여서 나의 결정과 판단에 후회하지 않는 삶을 살고 있다. 앞으로도 더 많은 점, 선, 면들이 모여 더 나은 나를 만들 것을 믿어 의심치 않는다.

끈기가 없더라도, 나의 상황들이 급격하게 변화하더라도, 진심으로 대한 경험들은 언젠간 어떠한 방식으로든 삶에 영향을 미친다. 현재와 과거는 또한 어떻게든 연결이 된다. 작심 3일이 모여서 그 3일들이 3년이 될 때까지.

2 그것이 알고 싶다

○ 배달음식 실종 사건
○ 주소가 두개면 택배도 두번 받나요?
○ 한강에서 닭발 시켜 먹을 때의 주소
○ 다음 주소는 어디인가요?

_ 이후정 (배민의 주소 PM)

휴대폰 제조사, 오픈마켓 이커머스, 여행 플랫폼을 지나 푸드테크에서 PM을 하고 있는
기획자로서 어느 회사에 가도 친한이 무리를 만들어서 몰고 다니는 경향이 있습니다.
어떤 일을 하던지 관련한 상상과 망상을 매우 잘해서 아무리 건조한 주제라도 우주로
끌고 나가는 스토리텔링을 할 수 있습니다.

배달음식 실종 사건

"문 앞으로 배달이 완료되었습니다."

그것이 나의 고추 바사삭 치킨의 마지막 행적이었다. 앱 푸시를 확인하고 설레이는 마음으로 현관문을 벌컥 열었을 때, 그곳엔 아무것도 없었다. 뭔가 잘못된 것을 감지하였고 등골이 서늘해졌다.

실종이나 분실은 스트레스다. 그런데 그 물건이 당장 소비되어야 할 물건이면 스트레스가 더 크다. 아끼는 펜을 잃어버렸을 때는 슬프고 아쉬운 감정이 들지만, 당장 불편함이 없을 수 있다. 그런데 노트북 충전기를 잃어버렸을 때는 간담이 서늘해지면서 남은 배터리 시간을 확인하게 되고, 노트북이 꺼지면 어떻게 해야할지에 대해 방안을 생각하느라 식은 땀을 흘릴 수 있다. 더 심한 이야기를 해보자면, 공항에서 체크인을 하려는데 여권이 없다고 생각해보자. 꿈꿔왔던 에펠탑이 소멸되면서 뇌 정지가 올 것이다.

즉 무언가 사라지는 시점 우리는 기대치에 대한 좌절과 동시에 풀어야하는 숙제를 받게 되는 고통을 겪게 되는 것이다.

당장 너무 배가 고픈데 밥을 잃어버렸다고 생각해보자. 그것도 내가 고심해서 고르고 기다렸던 밥이다. 분명 밥이 출발했다고 연락도 했고, 30분 후에 온다고해서 30분 동안 겉바속촉한 치킨을 상상하며 테이블을 차려놓고 기다리고 있었는데. 이 친구는 어딘가에서 사라졌다. 어떻게 된 일일까?

이러한 좌절과 분노를 겪은 사람들은 고객센터로 연락을 하고, 고객센터 담당자는 접수된 내용을 Jira*에 작성해서 주소 도메인 담당자인 나에게 보낸다.

푸드딜리버리 회사의 PM(Product Manager 프로덕트 매니저)으로, 나는 주소 도메인을 담당하고 있다. 사용자들이 우리 앱에서 배달음식을 주문할 때 주소를 적고 저장하는 바로 그 기능의 담당자이고, 관련하여 다양한 업무를 진행한다.

PM 일을 해본 사람이면 알겠지만 프로젝트 업무 외에 항상 해야 하는 운영업무들이 있다. 운영업무는 이미 존재하는 기능의 유지보수를 위해서 처리해야 하는 잡일이라고 할 수 있다. 운영 업무의 범위는 모두 다르겠지만 작고 귀여운 일일 수도 있고, 매일 뽑아야 하는 잡초 같은 존재일 수도 있다.

---

* Jira는 IT 회사에 흔히 쓰는 이슈 & 프로젝트 트래킹 소프트웨어로, 아주 쉬운 말로 설명해보자면 업무 요청을 써서 보내는 매우 화려한 노트패드 같은 툴이다.

마법의 샘물처럼 샘솟는 나의 운영업무는 주소 관련 VOC(Voice of Customer) 처리인데, 배달음식 주문 중 주소 관련되어 들어오는 고객의 문의나 클레임, 불만 사항들을 처리해주는 일이다.

주소VOC의 대부분은, 아니 거의 모두는, 배달한 음식이 다른 집으로 가서 제때 밥을 받지 못해 화난 사람들의 이야기들이다. 더 정확히는 의도한 주소가 아닌 다른 주소로 배달이 갔고 이에 대해 원인 파악을 요청하거나, 보상을 요구하는 경우들인데 나의 일은 왜 배달음식이 후자의 주소로 가게 되었는지 이유를 알아내는 것이다. 건조하게 말하면 그렇다. 나는 매일 주문내역, 주소저장 히스토리, 그리고 앱로그를 조회하면서 주소 VOC를 처리한다.

그런데 말이다. 수많은 VOC를 처리하다 보니 나는 내가 종종 사이버 수사관이 된 기분이 든다. 주소 VOC로 나에게 전달되는 한 건의 Jira는 한 개의 사건 파일이고, 나는 사이버 상에 남아있는 단서들을 조합해서 진실을 찾아야만 한다. 과연 정말로 유저가 주장하는 것처럼 우리 앱이 잘못한 걸까? 어디서부터 잘못되었을까? 진짜 범인은 누구일까?

배달음식이 자취를 감추었던 그날, 그날로 돌아가봐야겠다. 보통 나에게 주어지는 기본 조건은 유저가 원래 의도한 주소와, 실제로 배달이 간, 잘못된 주소이다. 그 두 주소를 두고 나는 여러 곳의 문을 두드려 본다. 기본적으로 유저가 주장하는 내용이 맞는지부터 시작해서, 우리에게 지도 서비스를 제공하는 회사의 데이터에 오류가 있는지, 주소 설정 자체를 유저가 잘못한 것이 아닌지, 혹은 주소 입력에 있어서 실수가 있었는지 등등 확인해야 하는 것은 너무나도 많다. 예를 하나만 들어보자면, 주소를 정확히 입력했다고 주장하지만 다른 주소로 배달이 간 경우 중, 많은 경우는 주소를 정확하게 적지 않은 경우가 많다. 우리회사 배달앱은 유저가 입력한 주소를 POI* 검색을 하고 그 검색결과의 좌표를 배달 대행사나 라이더 쪽으로 넘겨준다. 그래서 주소가 잘못 입력되면 잘못된 POI 좌표가 배달기사에게 전달이 될 수밖에 없다. 주소 입력 시 가장 흔하게 일어나는 실수는 전체 주소를 검색해서 입력하는게 아니라, 주소의 일부만 검색해서 저장한 후, 나머지 주소를 상세주소란에 직접 입력하는 경우이다.

위에까지 읽고 이해가 잘 가지 않을 것이니 예를 들어 설명을 해보겠다. 치킨을 시켜 먹고 싶은 우리집 주소가 아래와 같

---

* POI : Point of Interest의 줄임말로, 흥미롭거나 유용하다고 여겨지는 특정 장소

다고 생각해보자.

서울시 송파구 올림픽로 35가길 11 배달아파트 1동 101호

위 주소는 사실 아래와 같이 분류가 될 수 있다.

서울시	송파구	올림픽로 35가길	11	배달아파트 1동 101호
시	구	도로명	빌딩번호	상세주소

배달기사님에게 전달되는 지도위의 위치는 위의 주소 중 시, 구, 도로명 그리고 빌딩번호까지의 정보 기준이다. 즉 올바르게 입력했다면 배달기사님은 '서울시 송파구 올림픽로 35가길 11' 주소 기준의 위치를 찾아가시고, 상세주소인 '배달아파트 1동 101호'는 현장에 도착해서 찾아가야 한다.

하지만 여기서 '서울시 송파구 올림픽로 35가길' 까지만 검색해서 입력을 하고, '11 배달아파트 1동 101호'를 상세 입력란에 쓰면 겉으로 보기엔 똑같아 보일 수 있지만 배달기사님은 전혀 다른 위치인 '올림픽로 35가길'이라는 지도상의 위치로 가게 된다.

실제로 유저가 주소를 이런 식으로 잘못 입력했는지 미리 알 수는 없다. 사이버 수사관의 촉으로 저장된 주소 내역을 조

회를 해보는데 위 같은 케이스가 가장 흔한 케이스이긴 하다. 유저가 주소를 저장한 내역을 조회해봤을 때 어디까지 도로명 혹은 지번주소로 입력되었고 어느 부분을 상세주소에 기입했는지 조회해보면 알 수 있다. 주소의 일부를 따로 떼서 상세 주소에 넣은 경우, 입력한 주소는 본인이 의도한 주소가 아니게 되고, 후자가 잘못 배달된 주소와 일치하게 되면 그때, 아하! 이 사건은 해결된다.

위와 같은 사건은 참으로 자주 일어나는데, 우리나라 주소 표기의 구조를 빠삭하게 알지 못하는 사람이 당연히 많고, 동시에 위와 같이 적혀진 주소는 겉으로 보았을때는 내가 봐도, 유저가 봐도, 라이더가 봐도 다 같은 주소로 보인다. 지도에서만 다른 곳으로 찍히게 되는 상황이라 쉽게 알아차리기 힘들다.

이렇게 배달 오류의 원인을 파악하게 된 경우, 왜 주소가 잘못 들어갔는지에 대한 간단한 설명과 정확한 주소 설정에 대한 가이드를 작성하여 담당자분에게 전달하고 Jira를 닫는다. 이 때 소소한 희열을 느끼게 된다. 사이버 수사관이나 경찰 분들도 이런 기분을 느낄까?

잠시 딴 길로 빠지는 이야기

잠깐 다른 이야기로 빠지자면 나는 실제로 사이버 수사관들을 만나본 적이 있다. 내가 지마켓을 다니던 시절에 지마켓과 CJ E&M이 협업을 해서 당시 인기가 많았던 '프로듀스 X101'이라는 아이돌 오디션 프로그램의 온라인 투표 플랫폼을 공동 제공을 한적이 있었다. 아이돌 데뷔를 목표로 하는 오디션 서바이벌 프로그램이었는데, 팬들 본인이 응원하는 연습생들에게 온라인으로 투표를 하고, 표를 많이 받은 연습생들이 데뷔를 하는 컨셉이었다. 투표는 CJ E&M의 프로듀스X101 공식 사이트에서 한번, 그리고 지마켓 사이트에서 한번 할 수 있었고, 그 지마켓에서 투표를 하는 페이지의 담당 기획자가 나였다. 중간 부분을 스킵하고 뒤로 넘어 가자면, 수많은 시청자 및 팬들을 소리지르게 하고 눈물을 흘리게 했던(담당자이기도 했지만 나도 한 명의 팬이자 국민 프로듀서로 정말 많은 열정을 뺐던 프로그램이었다.) 프로그램은 투표 조작으로 뉴스에 오르고 팬들의 소송으로 까지 이어지는 등 진흙탕의 엔딩으로 이어졌다.

안그래도 내가 응원했던 연습생이 끝내 데뷔를 하지 못했던 것도 속상했는데, 내가 거의 매주 금요일마다 프로그램 방송 시간 맞춰서 야근을 하면서 투표 페이지를 올리고 테스트 했던 것이 설마 아무 소용 없던 일인가? 라는 생각이 들기 시작했다. 우리는 사실 투표 데이터를 받아서 CJ 쪽으로 넘겨 주기만 했을 뿐, 실제로 최종 결과에 어떻게 반영되었는지는 알리가 없었다. 분노한 팬들이 집단 소송을 진행한다는 소식과 실제로 경찰 측에서 조사를 진행할 것이라는 뉴스들이 뜨기 시작했다. 설마하는 마음에 간담이 서늘해 질 무렵, 아니나 다를까 해당 건으로 경찰 조사가 실제로 진행되게 되었고 나에게도 메일이 하나 왔다. 사이버 수사대가 해당 건을 조사 중이고 우리 쪽으로도 공문이 내려왔으니 오늘 오후 4시까지 관련 데이터를 가지러 온다는 것이었다.

'가지러 물리적으로 사무실에 온다고? 그게 무슨 말이지? 로우 데이터(Raw Data)를 출력해서 007가방에라도 넣어놔야하는 건가? 대한민국 경찰은 이렇게 아날로그하게 일하는건가?'라는 생각과 함께 동시에 급하게 데이터를 준비해야 된다는 스트레스가 몰려왔다. 안그래도 우리 금동이도(당시 필자가 응원하던 금동현 연습생을 팬들이 부르던 애칭) 데뷔를 못했는데 이런 일 까지 뒤집어 쓰게 되다니!! 절규를 하며 개발팀에 연락을 했었다.

원래 이러한 데이터 추출은 길고 지루한 전자결제 과정을 통해 요청이 되고, 그 당시의 회사에서는 꽤나 오랜 시간을 기다려야만 원하는 데이터를 받아 볼 수 있었는데, 경찰이 당일날 회사에 찾아온다는 무시 무시한 압박은 나무늘보같던 데이터도 팝콘처럼 튀겨 나오도록 만들었다.

데이터를 종이에 출력해서 전달할 필요는 없었지만, 어쨌거나 사이버 수사관분들은 실제로 우리 사무실에 방문을 하였고 간단한 미팅을 진행하게 되었다. 개발팀을 포함한 유관부서 분들과 사이버 수사관님들을 기다리면서 고백을 하자면 사실 나는 조금 설레였다.

나는 범죄 수사물을 엄청나게 좋아하는데, 그래서 늘 스크린에서 보던 형사와 같은 존재를 실제로 만나게 된다니 너무 기뻤던 것이다. 그래서 사실 우리나라 범죄 수사 드라마나 영화에서 자주 나오는 그런 거칠고 가죽잠바 입은 형사들이 와서, 호통을 치면서 우리 사무실에 있는 물건들을 파란색 박스에 다 쓸어담아가면 어쩌지? 이런 상상을 했다. (사실은 영화 공공의 적 시리즈에 나오는 꼴통 형사 강철중 캐릭터를 상상했다.) 꼭 영화에서 보면 책상위에 있는 것들을 마구잡이로 쓸어가고 (도대체 저런 건 왜 가져가고 싶은… 책상 위에 머그컵이나 액자까지도 다…) 옆에서는 지금 뭐하시는거냐고 소리를 지르곤 한다.

하지만 안타깝게도(?) 우리 회의실에서 마주한 사이버 수사대 두 분은 너무나도 점잖고 평범한 직장인들이었다. 셔츠를 입고, 목에는 사원증을 걸고 계셨고, 흔한 회사원들의 모습이었다. 나는 우리 회사가 투표 조작을 할 수 없는 구조에 대해서 잘 설명을 드렸고 그날의 사건은 종결되었다.

다시 주소 이야기로…

이야기가 딴 길로 많이 빠졌는데, 나는 주소 VOC 처리를 할 때 내가 사이버 수사관이라는 상상을 하면서 일을 한다. (눈치챘을 수 있겠지만, 참고로 내가 제일 좋아하는 TV 프로그램은 '그것이 알고 싶다'이다.)

Jira로 나에게 사건이 접수가 되고, 피해자는 배고픈 고객이다. 배달음식이 다른 집으로 가게 한 장본인, 즉 범인을 찾아야 하고 단서들은 온라인 어딘가에 흩뿌려져 있다. 단서를 수집하고 잘 연결하면 아주 명확한 답이 나오는 것이 주소 VOC이다. 범인을 잡으면 나는 Jira 문서를 종결할 수 있다. 나는 Jira를 'done'(완료)으로 돌리고, 고객센터 직원분은 내가 전달한 해답/대답을 들고 고객분에게 안내를 한다. 이렇게 미스테리가 풀리고 사건이 해결이 된다.

영화나 드라마 속의 형사들은 꼭 파트너와 함께 일을 한다. 주소 오류 사이버 수사관인 나에게도 파트너가 있다. 함께 주소 도메인을 담당하고 있는 서버 개발자 경철 님이다. 우리는 주소 관련 크고 작은 프로젝트를 같이 하는 든든한 존재이다. 정보 조회 및 정황 짜집기 등으로 주소 '사건'을 해결할 수 있는 경우도 많지만 도무지 미스테리가 풀리지 않는 경우도 있다.

앞 뒤로 다 따져봐도 뭐가 문제일지 모를 경우 경철님에게 사건을 들고간다. 그러면 개발자의 마법으로 내가 볼 수 없었던 백엔드를 조회해서 답을 알려주실 때도 있고, 가끔은 우린

같이 모니터를 바라보면서 눈을 굴릴 때도 있다. 아무래도 머리는 한 개 일 때 보다는 두 개가 낫다. 같이 머리를 맞대고 대답을 찾아 낼 때도 있고, 그렇지 않아서 결국 미제사건(Cold Case)으로 남는 경우도 있다. 형사님들에게는 미제사건이 있고, 우리들에게는 미처리 Jira 티켓들이 있다. 역시나 현실의 세상에는 완벽하게 모든 일이 해결될 수는 없나 보다. 하지만 그래도 혼자 고민하지 않고 함께 고민할 수 있어서 외롭지 않다.

이렇게 하루 하루 나는 밥을 잃어버린 사람들의 미스테리를 풀어준다. 배고픈데 제때 밥을 받지 못한 사람들의 화를 달래주기 힘들겠지만 최소한 왜 그랬는지는 알려줄 수 있는데 그게 내 역할이다. 이 또한 범죄 수사와 비슷하지 않을까, 이미 일어난 범죄를 없던 일로 되돌리긴 힘들겠지만, 범인을 잡아 정의를 실현하니까 유사하다고 주장해보고 싶다. 그래서 나는 주소VOC처리를 하면서 내가 수사관이라는 상상을(망상이라고 해야 하나) 하고, 나의 최애 TV프로그램인 '그것이 알고싶다'에 등장하는 꿈도 꿔본다. '언젠가는 실제로 범죄케이스에 도움을 주는 일도 생기지 않을까'라면서 '그것이 알고싶다'에 모자이크 된 내가 인터뷰를 하는 장면도 생각해 보았다. 아주 동떨어진 상상이 아닐 수도 있는 게, 실제로 서울지방법원에서 문서제출명령이 내려온 케이스가 주소 관련된 일이라 나에게 업무가 할당되어서 처리를 해준 적이 있다. 이해가 안가는 분들도 많겠지만 위와 같은 일을 처리할 때 뭔가 흥미롭고 설레인다. '법원에서 이런 요청을 하다니! 당최 무슨 일일까? 어떤 사연이 있을까?' 알 방법은 없지만 머릿속에서 드라마 몇 편 그리면서 일을 처리했다. 언젠가는 정말로 범죄 사건을 푸는데 내가 도움을 주는 날이 올 수도 있지 않을까?

　　이렇게 사건 해결을 꿈꾸며 나는 오늘도 VOC를 처리한다. 나는 우리회사의 사이버 수사관이다.

주소가 두개면 택배도 두번 받나요?

세상에는 두개라서 피곤한 것들이 있다. 외국인들이랑 대화할 때 우리를 두번 생각하게 만드는 한국나이와 만나이가 있고, 음력과 양력 생일도 있다. 우리 엄마의 생신을 음력으로 따지는데, 매년 음력 생일날이 바뀌고 양력 날짜와 멀리 떨어져 있다 보니 자주 까먹게 된다. 그래서 어느 날부터 그냥 양력 생일을 챙기자고 했는데, 막상 먼저 오는 양력 생일을 챙기고 난 다음 음력 생일이 오면 이미 챙겼으나 가만히 있자니 뭔가 찝찝한 기분이 든다. 게다가 공식적인 서류에는 항상 고정적인 양력 생일 표기가 되어있고, 음력은 뭔가 보이지 않는 약속 같이 알아서 챙겨야 하고, 표기를 잘 해놓는 곳도 없기 때문에 너무나도 번거로운 존재이다. 그나마 생일은 1년에 한번씩 찾아오지만, 개인적으로 세상에 두 개씩 존재해서 거의 매일 매일 나를 힘들게 하는 것은 주소 체계이다.

대한민국 주소는 도로명과 지번주소가 있다.

조금은 재미없을 수도 있겠지만 지번주소와 도로명주소가

무엇인지를 이야기해보겠다. 우선 우리의 조상들이 먼저 쓰던 것이자 박힌 돌이었던 주소가 지번주소이고, 2011년부터 굴러 들어온 돌이 도로명주소이다. 아래의 주소를 대상으로 설명을 해보겠다.

● 지번주소: 서울시 송파구 **신천동 11-9** 배달아파트 1동 101호
● 도로명주소: 서울시 송파구 **올림픽로 35 가길 11**
　　　　　　배달아파트 1동 101호

　참고로 시와 구는 두 체계 다 똑같고, 뒤에 오는 상세주소 부분도 다 똑같아서 중간에 굵게처리 된 부분을 기준으로만 설명을 하겠다.

　지번주소는 우선 우리가 무슨동 무슨동 이라고 부르는 동 기준으로 주소를 표기하고 도로명주소는 도로이름을 표기한다. 그래서 '신천동'은 지번주소이고 '올림픽로 35가길'은 도로명주소이다. 즉 지번주소 기준으로는 어느 동 기준으로 집을 찾아갔다고 생각하면 되고, 신 주소는 이 집이 어느 도로위에 놓여 있는지 기준으로 생각을 해야 한다.

　두 개라는 것은 경우의 수가 그만큼 늘어난다는 것이다. 경우의 수가 많다는 것은 그 수만큼 문제될 기회도 많아진다는 것이다.

VOC 대응을 하다가 발견한 특이 케이스 중 하나인데, 심지어 하나의 지번주소에 두개의 도로명주소가 있는 경우도 있다. 이는 '부산광역시 사상구 학감대로 54'인데 행정안전부 데이터 기준으로 공식적으로 도로명주소가 두 개이다. 즉 아래와 같다.

부산광역시 사상구 학감대로 54 힐탑모텔
= 부산광역시 학감대로 39번길 49

부산광역시 사상구 학감대로 54 힐탑모텔
= 부산광역시 학감대로 39번길 55

그런데

부산광역시 학감대로 39번길 49
≠ 부산광역시 학감대로 39번길 55

이다.

즉 두개의 다른 도로명주소가 하나의 지번주소를 나눠 쓰고 있다. 이론적으론 말이 되지만 행정적으로는 참으로 골치

아프다. 기본적으로 우리회사의 배달앱에서는 도로명주소와 지번주소가 정상적으로 매칭되고 '두 주소의 위경도 값이 같다'라는 전제하에 운영된다. 그런데 합법적으로 '1부 2처제?'와 같은 상황을 맞닥뜨리니 당황스러웠다. 맞는 주소이지만 지번주소 기준으로 검색해서 저장을 하면 50%의 확률로 2개의 도로명주소 하나가 매칭 될 확률이 있고, 둘 중의 하나는 고객의 의도한 주소가 아닐 것이기 때문이다. 여기 사시는 분들은 우리 회사 배달음식을 주문할 때 말고도 택배나 우편 등이 문제될 경우가 많지 않을까 싶다. 정부는 이에 대해 수정을 해주었으면 좋겠다. 이 책이 출판되었을 즘에는 바뀌어 있을지도 모르겠다. 한개의 도로명주소와 한개의 지번주소체계 자체도 원래 의도한 것이 아닌 것 같은데 그보다 더 끔찍한 사례들도 앉고 가야 한다니 가끔 화가 난다.

나의 기억이 맞다면 우리 정부는 어느 순간 100년 넘게 써온 지번주소를 버리고 도로명주소로 이전하겠다고 선언을 했었다. 그래서 모든 주소가 도로명주소를 부여 받는 과도기가 있었고 심지어 새로 생겨지는 신도시 주소들은 지번주소가 아예 부여되지 않는 경우도 있었다. 이러한 이유로 배달 음식 주문이 어려운 케이스들이 생겨서 그 당시 다른 배달 서비스를 운영하던 나는, 하루 빨리 도로명주소 체계를 해당 배달 플랫폼에 적용해야 했었다. 하지만 지번주소를 점진적으로 폐지하고 도로명주소를 쓰겠다는 계획은 어떻게 된 건지 우리는 아직도 두 개를 계속 같이 쓰고 있고 새롭게 지어지는 건물들도 지번주소를 부여받고 있다. (참고로 새로 주소를 부여받을때 지번주소는 임시주소로 0번지를 받는데 사용자에게도 개발자에게도 생소한 이 0번지는 역시 문제가 되어 업무로 나에게 찾아온 적이 있었다)

왜 정부는 지번주소를 없애지 않는건지 생각해보면 잠시 화가 나지만, 정부기관에도 나같은 주소 담당자의 고민이 있겠고 지금처럼 방치? 된 사유가 다 존재하겠지….

내가 탔던 한 택시의 기사 아저씨의 불평을 공유해보자면, 예전엔 어느동 가자면 대충 다 알아듣고 찾아 갈 수 있었는데(왜냐면 한남동이라고 말하면 한남동이 어딘지 아저씨들은 다 외우고 있으니까), 지금은 도무지 알 수가 없다는 것이다. 왜냐면 도로명을 모두 알 수 없으며 동시에 직관적이지가 않다는 것이다. 양재대로라는 주소를 찾아가도 양재대로는 알고 보니 양재 근처가 아닌 경우가 많은 것이다. 그도 그럴 것이 도로는 한곳에 집중된 개념이 아니라 뻗어 나가기 때문에 양재대로가 행여나 양재를 지나간다고 해도 사람들이 통상적으로 양재라고 생각하지 않는 곳까지 뻗어 나갈 수 있기 때문이다.

이번엔 동과 도로 뒤에 붙는 숫자에 대해 이야기 해보겠다.

56

주소를 보면 보통 동/도로와 상세주소 사이에 (항상은 아니다) 숫자가 붙는데, 그 숫자도 의미가 다르다. 지번주소에 나오는 숫자는 땅에 붙은 번호이고 도로명주소의 숫자는 건물에 붙은 번호이다. 그래서 한 조각의 땅 위에 집이 3개가 있으면 같은 지번주소인 집이 3개일 수 있다. 그러나 도로명 기준으로는 건물 1개당 건물번호가 1개씩 부여되기 때문에 위의 경우 도로명주소는 3개가 된다. 참고로 건물에 파란색 오각형으로 붙어있는 번호 표지판이 도로명주소 기반의 건물 번호라고 한다. 길이나 집을 찾을 때 단 한번도 사용해 본 적은 없는 것 같은데 본적은 있는 것 같다. 여기까지 읽어주신 분들은 혼란스러울지 아니면 이해가 되실지 궁금하다.

도로명주소 시스템은 아마도 도로가 계획적으로 쭉쭉 뻗어 있는 것을 기준으로 만들어졌던 서양의 주소 체계를 따라간 게 아닐까 싶은데 우리나라에서 그만큼 장점을 발휘하고 있는지는 모르겠다. 하나의 예를 들자면 미국에서 누군가의 집을 찾아갈 때, 대충 근처까지 도착해서는 육안으로 번지수를 확인하면서 집을 찾아가곤 한다. 왜냐면 미국의 집/건물들은 눈으로도 잘 보이게 커다랗게 번지수가 항상 써져 있기 때문이다. 우리나라에서는 단 한번도 건물의 번호를 보면서 장소를 찾아간 적이 없고, 잘 보이지도 않는다. 비록 미국도 한국도 이제는 지도 앱을 보고 찾아 갈 테니 필요가 없을지도 모르겠다.

위에서 지번의 번지수는 땅에 주는 번호이고 도로명의 건물주소는 건물에 주는 번호라고 했다. 그러면 건물이 없는 경우는 어떻게 되는 걸까? 땅이 없는 경우는 없을 것 같고 건물이 없는 경우는 당연히 존재한다. 벌판만 있고 집이 없는 경우에는 이론적으로는 도로명주소는 있을 수가 없다. 실제로 없는 경우는 존재하고 있고, 아마도 우리가 지번주소를 완벽하게 버리고 갈 수 없는 이유 중의 하나일 것이다. 지번주소를 완벽하게 대체할 수 없는 도로명주소를 막무가내로 들이밀었던 정부가 갑자기 야속하다.

행정안전부 자료에 의하면 도로명주소의 도입은 생활을 편리하게 하고 국가경쟁력을 높여준다고 했다. 더 자세히는, 도로명주소 덕분에 길을 더 쉽게 찾을 수 있어서 생활이 편리해지고, 세계적으로 보편화된 도로명주소를 사용하기 때문에 비용절감이 되어서 국가경쟁력이 높아진다고 하는데 나는 사실 잘 모르겠다.

도로명주소와 지번주소의 과도기에는 원래 알던 주소도 모르게 되는 혼돈의 시기가 있었고 지금도 두개의 주소를 같이 쓰느라 많은 사람들이 혼란을 겪고 있으며 나는 수많은 오류제보를 받아야 한다. 또한 세계적으로 보편화된 도로명주소라고 했는데, 우리 외에 세상은 주소를 하나씩만 쓰는데 유독 우리나라만 주소 타입이 두 개씩 있는 상황이라 뭔가 세계 트랜드나 상황에 맞는 것 같지도 않고 물류비 같은 것을 절감하여 경제적 비용이 줄어든다고도 되어있는데, 우리회사 기준으로만 봐도 주소가 두 개인 것 때문에 일어나는 배달 사고로 비용 절감은커녕 손실을 겪고 있다. (도로명주소가 행안부 것이 아니라 안기부 것이었으면 잡혀가서 고문 당했을 것 같다는 생각이 든다. 다시 한번.. 나는 이런 상상을 좋아한다.) 행정안전부는 없애다 만 지번주소와, 지번주소를 완벽하게 대체 할 수 없는 도로명주소 두개가 우리나라 국민들과 한 배달 회사의 주소담당 PM 이 얼마나 고생을 하는지 알아주었으면 좋겠다.

주소가 두개라서, 두배로 문제가 많고, 억지로 우겨서 두배로 재미가 있다고 말할 수도 있지만 국가경쟁력에 도움이 되지 않으니 예전 주소는 잘 정리해서 없애고, 새로운 주소는 예전 주소의 도움 없이도 홀로서기 할 수 있도록 정부는 빨리 정책을 보완 해주었으면 좋겠다. 양력 음력 생일이 두개라서 생일 선물을 두배로 받지 않듯이, 주소가 두개라고 우리는 치킨을 두 마리 배달받지 않으니까…. 뭐가 좋은지 잘 모르겠다.

한강에서 닭발 시켜 먹을 때의 주소

끈끈하고 축축한 여름이 지나고 날이 변하기 시작하는 9월 10월을 표현할 때 내가 좋아하는 영어 섞은 표현 중 하나가 'Crisp하다'이다. 직역하면 '바삭하다'인데, 갓 기름에 튀긴 치킨의 바삭함이 아니라 잘 마른 낙엽을 밟았을 때 느껴지는 그러한 바삭함이라 할 수 있겠다. 이런 바삭한 날이 오면 두 가지가 치솟는데 하나는 비염이고, 나머지 하나는 한강공원의 인구밀도다.

얼마전 이 책을 함께 쓰는 PM 동료들과 퇴근 후 글을 쓰다가 날이 너무 좋아서 한강공원에 갔다. 온도와 습도 그리고 하늘의 달도 완벽했던 그날, 우리는 운 좋게 잔디 위에 테이블에 앉을 수 있었고 우리의 최애 배달집에서 닭발과 닭똥집 세트를 시키고, 배달 도착 시간에 맞춰서 편의점에서 산 참깨라면을 라면 기계에 올렸다. 아이폰 플래시를 켜고 소주병을 올려서 임시 조명을 켜고 앉아서 닭발을 기다리자니 이리도 설레일 수가 없다.

완벽한 한강 식사를 완성시켜주는 우리 회사의 배달앱이

그날 따라 뿌듯하지 않을 수가 없다. 넓디 넓은 한강 공원 어딘가에서 배달 라이더분과 만나서 닭발을 전달받을 수 있는 이유 중 하나는 POI(Point of Interest) 검색이 가능하기 때문이다. POI는 주요시설을 지도에 표시해주는 것을 말한다. 주요시설이란 역, 공항, 호텔 등이 포함되며, 누군가가 살고 있고 우편물을 받을 수 있는 장소일 수도 있고, 상업시설 일 수도 있으며, 건물이 아니라 하나의 유명한 장소일 수도 있다. 주소 검색을 가지고 있는 앱에서 POI 지원 여부를 쉽게 구분해 보려면 지하철역 몇번 출구와 같은 형태가 검색결과에 있는지 없는지를 확인해 보면 된다고 개발자 분이 알려주셨었다. 행정안전부 사이트에서는 찾아볼 수 없으며, 주로 지도 서비스를 제공하는 민간기업의 앱 들에서 볼 수 있다. 길을 찾아가거나, 음식 배달을 하는 앱들에서 주로 보이고, 택배를 통해서 상품배송만 필요하거나 회원의 주소를 저장만 해야하는 경우는 없는 경우도 많다. 왜냐하면 POI 검색은 몇 개의 기업들이 개발해서 B2B로 유료 제공을 하는 경우가 많은데 모두에게 필요한 건 아니기 때문이다. 예를 들어 금융앱에서 회원이 주소를 검색하고 저장할 때는 고지서나 카드발송과 같은 용도로만 사용하기 때문에 한사람이 살고 있는 집주소만 찾을 수 있으면 충분하지만, 음식 배달앱은 누군가의 집이 아니라 '한강공원 어딘가'라던가, '어느 주차장 입구' 같은 곳도 찾아가야 하기 때문에 POI가 필요하다.

즉 제대로 된 집 주소가 아닌, 어느 곳이나 배달해주는 음식배달앱이라 주소에 대한 복잡도도 높아지고 고충도 많아진다는 것이다.

다시 한강으로 돌아가보자. 우리는 쫀득하고 매콤한 닭발과 보드랍고 탱글한 계란찜 세트를 잠실대교 밑 공영 주차장에서 수령했다. 잠실대교 밑에 있는 주차장에서 배달음식을 받기 위해서는 배달앱에서 잠실대교 밑 주자창을 검색해 볼 수도 있고, 지도상에서 현 위치를 찍어서 저장한 후 배달을 시킬 수도 있다. 전자의 경우가 앞에서 언급했던 POI검색인데, POI는 정부 공공기관 같은 곳에서 일괄적으로 관리하는 개념이 아니기 때문에 '어떤 지도 앱'을 쓰고 있는지에 따라서 조금씩 다를 수 있다. 예를 들어 네이버 지도에서 해당 위치는 말그대로 '잠실대교 밑 공영주차장'이라고 뜨고, 티맵에서는 '잠실1주차장'이라고 나온다. 누가 이걸 정하는지 모르겠지만 같은 장소라도 이렇게 조금씩 명칭이 다른데, 같은 위경도를 가지고 있는 곳이기 때문에 주소는 모두 동일하다. 잠실대교 밑 공영주차장 혹은 잠실1 주차장의 주소는(상세 주소를 제외하고 보면) 아래와 같다.

● 서울 송파구 한가람로 65
● 서울 송파구 잠실동 1-1

그러면 여기서 의문을 하나 던져 보았다. 지번주소는 땅 조각에 주는 번호라고 했으니 해당 주차장이 있는 땅이 소속된 번호가 1-1이라고 추측해본다. 그런데 도로명주소는 무조건 건물 기준이라고 했는데 65는 어느 건물이십니까? 한강에 있는 주차장은 말그대로 야외주차장이고 건물이 있지 않다. 주차장 옆에 화장실에 주소가 있나 이런 추측도 1초 동안 해보았다. 네이버지도에 한가람로 65를 쳐보면 엄청나게 큰 면적의 한강 공원 부지가 검색결과로 나온다. (즉 상세주소를 제대로 쓰지 않으면 우리의 닭발은 절대로 제대로 찾아 올 수 없다는 것을 명심하자)

여전히 65라는 건물번호의 미스테리는 풀리지 않았다. 65 당신은 누구신가요? 행정안전부 사이트에 가서 한가람로 65를 쳐보고서야 건물의 정체를 알 수 있었다. 한가람로 65를 도로명주소 기준으로 보았을 때는 역시나 절대 알 수 없으나, 지번주소 기준으로 보았을 때, 아래와 같이 나온다.

● 서울특별시 송파구 잠실동 1-1 한강사업본부 잠실안내센터

아하! 가끔 자동차를 타고 올림픽대로나 강변북로를 달리다 보면 한강 중간 어딘가에, 저기는 도대체 뭐하는 빌딩이지? 싶은 정체불명의 빌딩 중 하나인 것 같다. 빌딩이 없는 커다란 부지는 이렇게 한개의 빌딩이 할당 받아서 하드캐리를 할 수밖

에 없나 보다.

　도로명주소의 기준을 생각해보면 이렇게 되는 것이 이해가
갈 수는 있는데, 이렇게 넓은 땅에 건물이 덩그러니 그 동네 주
소를 책임지고 있는 경우 도로명주소는 참으로 의미가 없어지
는 것 같다. '한강공원보다 더 심한 경우들은 그럼 어떻게 되는
것일까?'라고 잠시 상상을 해본다. 산이나 바다의 경우 더 넓은
면적의 주소가 한개의 건물 기준으로 주소를 가지고 있는 건 아
닐까?(산이나 바다는 주소가 필요 없나…)

도로명주소 기준으로 한가람로 65는 위와 같이 아주 넓은 면적을 포함하고 있다.
(출처: 네이버지도)

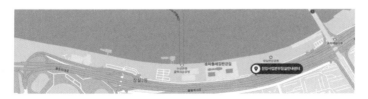

같은 주소인데 지번주소 기준으로는 한 개의 빌딩이 표기된다. (출처: 네이버지도)

그래서 뒤늦게 주소의 정의를 찾아보았다. 네이버 어학사전에 의하면 주소라는 단어의 정의는 아래와 같다.

1. 사람이 살고 있는 곳이나 기관, 회사 따위가 자리 잡고 있는 곳을 행정 구역으로 나타낸 이름.
2. [법률] 실질적인 생활의 근거가 되는 장소. 법인인 경우에는 주된 사무소나 본점을 이른다.
3. [정보·통신] 데이터가 저장되어 있는 기억 장소의 위치. 또는 그것을 나타내는 수. 바이트(byte)를 단위로 부여..

음식배달앱 PM의 입장에서 보았을 때 주소란 2번과 3번의 하이브리드 정도 되는 것 같다. 우리앱은 유저가 어디에 있던 물리적으로 접근 가능한 위치라면 거기까지 라이더가 갈 수 있도록 안내해줄 수 있는 좌표 개념의 주소가 필요하다. 이 주소는 사람이 살고 있는 곳일 필요도 없고, 실내일 필요도 없다. 우리의 어린시절과 그 전 세대들에게 주소란 1번과 2번 정의로 충분했을 것이다. 간단하게 말하면 찾아가서 문을 두드릴 수 있고, 우편을 받을 수 있는 주소였다. 주소체계란 당연히 배달음식이나 택배가 없던 시절에 시작한 것이기 때문에 현재 배달음식 앱 기준으로 바라봤을때는 구멍이 많은 게 어쩌면 당연한 일인지도 모르겠다.

한강 닭발에 이어, 얼마전엔 우리회사의 자원봉사 프로그램인 '우아한 땀방울'에 지원하여 주말에 고구마를 캐러 갔었다. '주말에 회사 사람들과 놀러가라고 해도 싫은데 노동을 하러간다고?'라고 생각하시는 분들 도 있을 것 같다. 친구 중 한 명은 "고구마는 사서 먹으면 되지 않냐"라는 말까지 했다. 하지만 주말에 고구마를 캐러 모인 우리 회사사람들은 마냥 즐거웠다. 날씨 좋은 가을날에 시골 공기도 마시고, 흙내음도 맡고, 매일 모니터만 보다가 밖에 동료와 수다 떨면서 고구마를 캐자니 마냥 즐거웠고, 고구마 밭으로 가는 버스 마저도 어린시절 소풍날 같았다.

고구마 캐는 토요일의 정점은 새참 시간이었다. 바로 옆에 집도 없는 허허 벌판의 고구마 밭으로 푸짐하고 아름다운 새참이 도착했다. 형형색색의 과일과, 손으로 집어먹기 좋은 유부초밥, 전, 그리고 구릿빛 주전자에 들은 아이스커피와 티가 우리들을 너무 행복하게 해주었다. 이 새참 음식도 전통적인 주소의 개념으로 생각하면 밭까지 찾아오기 참 힘들었을 것이다. 한강에서 닭발을 시켜먹는 것과 같은 개념 아닌가 하겠지만, 비슷하기도 하고 아니기도 하다. 한강에서 닭발을 시켜먹었을 때는 잠실한강공원 제1주차장이라는 POI가 지도에 데이터로 저장되어 있어서, 그 POI를 사용하면 되는 일이다. 그런데 고구마밭은 그렇지 못하다. 정말 유명해서 모두가 아는 고구마밭이 아니라면 네이버지도나 티맵이 POI로 등록해 줄리가 없기 때문이다.

하지만 방법은 항상 있다. 텍스트 주소만이 알려줄 수 없는 것을 우리는 지도를 보고 알 수 있기 때문에 이런 상황은 해결 가능하다. 하나의 주소지가 엄청나게 큰 땅을 다 커버하고 있어서 지도상의 위치를 보고 대략적으로 찾아올 수 있다. 혹은 우리는 라이더에게 길을 안내하는 메세지를 남길 수도 있다. 그래도 항상 변수는 존재할 것이다. 주소를 글로만 읽고 찾기 힘든 고구마 밭을 지도로 볼 때 주변에 기준이 될 만한 지형이 없다면 그 또한 힘들 것이다. 커다란 벌판에 핀이 하나 꽂혀 있다면 거기까지 찾아가는 것도 쉽지 않을 것이다.

길 안내도 케바이케(Case by Case)이다. 어떤 사람은 완벽하게 길안내를 잘 해주거나, 길안내를 조금만 해줘도 쉽게 찾아갈 수 있는 위치일 수 있다. 하지만 반대로 길안내는 누군가 사람이 마음대로 적는 내용이기 때문에 라이더분이 잘 이해를 못할 수도 있고, 이해를 해도 여전히 길을 못 찾아갈 수 있다.

우리는 다행이 일어날 수 있는 변수들을 모두 극복하고 제시간에 맛있는 새참을 받아먹고 모두가 행복했다. 다른 사람들도 이렇게 고구마 밭이나 혹은 더 난이도가 높은 장소에서 문제없이 배달 음식을 받아먹을 수 있도록 나와 같은 사람의 고민이 더 필요할 것 같다. 생활근거지 기준의 주소나, POI 기준으로 정확하게 정의할 수 없는 애매한 영역에 대해서 어떻게 하면 더 효율적으로 배달을 할 수 있을지 한번 각 잡고 고민을 해보고 싶다. 이러한 고민에 대해서 그럴싸한 이름도 붙여주고, 이에 대해 다른 회사의 PM들과도 이야기를 나누어 보면 좋지 않을까, 잠시 멀리 멀리 상상을 해보았다.

나는 상상을 많이 하는 편이다. 조금만 더 상상하면 머릿속에서 주소 시스템 개선으로 노벨상을 받고 있을 것 같다.

다음 주소는 어디인가요?

노벨상까지는 받지 못하더라도, 이렇게 나는 '주소 전문가 혹은 주소 스페셜리스트로 성장하고 있구나'라고 뿌듯함이 느껴지고 있을 때 즈음이었다. 어느 수요일 팀장님과 갑자기 1대 1 면담 세션이 캘린더에 잡혔다. 가장 무서운 포인트는 우리 팀에서 나만 잡혔다는 것이다. 조직개편 관련 면담이란 것을 알게 되었고, 그 순간 현관문을 열었을 때 없어진 치킨을 발견하는 것보다 13배 정도 더 싸늘한 감정을 느꼈다.

아~ 나는 이 팀을 떠나는 구나.

이 글을 읽는 분 중에 직장인이라면 충분히 겪어본 일이 아닐까 싶은데, 회사에서의 조직개편이란 항상 갑작스럽고 예상치 못하게 일어나는 듯하다. 결론만 말하자면 새로운 조직에서 새로운 일을 하게 되었다.

이 사실을 알게 되고나서, 집 앞에 길을 걸어가던 그 순간이 잘 기억나는데 가로수길 사이로 석양이 비치면서 하늘이 주홍빛으로 노을이 지고 있었고, 나는 뭔가 많이 외로웠다. 원래 새로운 일이나 변화라는 건 인간에게 큰 스트레스이다. 이건 좋은 일이라도 마찬가지이다. 사람의 인생에서 가장 큰 스트레스를 주는 하나가 결혼인데, 결혼이 싫어서가 아니라 인생이 너무 크게 변화해야 되기 때문이라고 들었다. 결혼 직후에 생활 환경이 너무 바뀐 것에 의한 스트레스로 불면증이나 이명 같은 증상을 호소한 주변의 경우도 본적이 있다. 나는 내가 선택할 수 있다면, 새로운 일과 기존의 일중에 새로운 일을 택하는 것으로 나 자신을 푸시하곤 한다. 같은 장소에 오랫동안 머물렀을 때의 지루함이나 정체되는 느낌을 싫어하기도 하고, 주어진 시간안에 최대한 많은 것을 경험하면서 나 자신을 발전시키고 가치를 올리고자 하는 마음가짐이 있기 때문이다.

이론은 그렇지만, 감정적으로는 서운했다. '오마이갓, 주소 내 새끼이이이이이이이이이~'를 버리고 어디로 가란 말인가? 갑자기 주소 도메인을 (그때도 역시나 너무나도 갑자기) 인수인계 받았던 한 해의 여름이 생각이 났다. 뭐가 뭔지 모르겠고 너무 당황스러웠다. 한창 프로젝트가 진행 중인 상황에 업무를 이어 받은 지라, 개발과 QA 담당분들에게 하루 종일 연락이 빗발을 쳤었다. 가만히 업무 파악만해도 머리가 터질 각인데, 없는 정보를 기반으로 프로젝트 관련 정책에 대한 의사 결정 및 엣지 케이스에 대한 해결 방안, 그리고 쏟아져 오는 VOC를 처리하고 답변해야 했는데, 누군가 나에게 말을 걸고 질문을 할 때 마다 정말 물리적으로 땀이 뻘뻘 났었다. '당장 모르겠으니 확인해보고 연락드리겠다'라고 말하면서 왠지모를 자괴감이 자꾸 느껴졌으나 내 자신을 위로하면서 '하나씩 처리해보자'라고 타일렀던 기억이 난다.

　나름 노련한 주소 담당 PM이 되기까지 꽤나 많은 시간과 리소스가 들어갔다. 이제는 주소 관련으로 업무요청이 오거나 질문이 와도 크게 당황하지 않고, 왠만한 VOC도 손쉽게 처리할 수 있게 되었다. 회사에서 누군가와 통성명을 할 때 '나는 주소를 담당하고 있다'라고 말하는 것도 입에 붙었고, '앞으로 주소를 어떻게 더 잘 키워 나갈지' 고민도 한참이었는데… 다른 사람에게 주고 가란다… 속상하다. (이 업무를 받는 사람도 속상하겠지)

　사실 내가 당장 접하는 주소 말고 인류에게 주소는 무엇인가도 알아보면 재미있을 것 같아서 '주소 이야기'라는 책도 구매를 해 놨는데, 더 이상 읽고 싶지가 않아졌다.

　새로운 팀에서 새로운 업무를 갓 받고나서 지금 또 다시 허우적 거리기 시작했다. 또 누가 질문을 할 때 마다 식은땀이 나고, 도무지 내 일 같지가 않다. 하지만 주소를 받았던 어느 여름날을 되돌이켜 보면서, 아 여기도 결국엔 이렇게 되지 않을까? 새로 받은 이 일이 손에 딱 붙고 '이제 나는 이런 일 하는 사람이다'라고 맘 편히 말할 수 있게 될 때 쯤, 또 조직개편이

나지 않을까? 어떻게 보면 PM의 가장 필요한 자질 중 하나는 갑자기 주어지는 각종의 업무에 대해 **빠르게** 적응하고 문제 해결을 하는 게 아닐지 모르겠다. (PM이 아니라 그냥 회사원의 자질일라나)

앞으로는 어떤 짜증과, 즐거움과, 보람이 있을지 기대해 보면서, 주소만큼 시시콜콜한 이야기거리를 제공해줘서 또 다른 글을 들고 나타날 수 있길 바란다.

---

*reference
- https://www.juso.go.kr/openIndexPage.do
- https://post.naver.com/viewer/postView.nhn?volumeNo=16680551&memberNo=36248235
- http://www.jejumaeil.net/news/articleView.html?idxno=183948
- 네이버 어학사전

3 재택근무 하면 노는 거 아닌가요?

○ 우당탕탕 재택근무
○ 재택근무로 효율 200% 내기
○ 성장하는 앱을 지켜봐주세요

_ 박수아 (배민의 가게/메뉴 노출 담당 PM)

작고 큰 스타트업에서 온/오프라인 다리를 놓는 역할을 하며 살고 있습니다. 앱 서비스 기획자라고 쓰고 할 수 있는 일은 다하려는 도비라고 읽을 수 있는 사람입니다. 개발자와 디자이너 그리고 QA팀과 부대끼며 살고 있고 그들과 매일 작고 큰 사건들을 해결해 나가며 살고 있습니다.

우당탕탕 재택근무

"재택근무란 근로자가 자택 등 소속 사업장이 아닌 장소 중 사용자와 합의하거나 그 승인을 받은 장소에서 소정 근로의 전부 또는 일부를 제공하는 근무형태를 말합니다."
– 고용노동부, 『재택근무 종합 매뉴얼』, 2020. 9., 113쪽

코로나19 대유행으로 시작된 '재택근무' 형태는 꽤 오랫동안 지속되었다. 약 1,000명 이상의 사람이 모여 일을 하는 회사 사무실은 전염병이 확산하는 데 일조하니 이를 방지하고자 만들어 낸 근무 형태가 재택근무다. 사무실에 출근하지 않고 집에서 온라인에 접속해 업무를 한다는 기본적인 형태 외에는, 사람마다 방식과 형태가 천차만별인 것이다. 그 중에서 IT 회사에 다니고 있으며 음식배달 앱 서비스를 기획하는 사람의 '우당탕탕 재택근무'를 엿볼 기회를 드리고 싶다.

7:00 AM 기상부터 출근까지
아침 출근 시간은 가장 붐비는 시간대인 오전 9:00인데 출근길 이동시간이 없고 책상에 앉아 노트북을 열고 출근 기록만

남기면 되니 여유롭다. 유사시에는 침대에 누워 배 위에 노트북을 올린 뒤 출근도 가능하다. 어쨌든 부지런 떨어 오전 7:00에만 일어나더라도 출근 전에 동네 한 바퀴 조깅하고 돌아와 샤워까지 마치고 업무를 시작할 수 있다. 여기까지는 나의 이상적인 바람이고 이제부터 진실을 말해본다.

여러 차례 반복해 울리는 아침 기상 알람을 자연스럽게 꺼버리고 머리끝까지 이불을 끌어올려 잠을 자다가 결국 출근 20분 전 황급히 일어난다. 세안 후 이를 닦고 잠옷을 갈아입기에는 그래도 여유가 있다. 다만 출근하자마자 참석하는 화상 회의에서 퉁퉁 부어 화면을 꽉 채우는 얼굴은 어찌할 도리가 없다. 잠에서 깨어난 지 얼마 되지 않았음을 모두가 알아채고는, 돌아가면서 짓궂게 "왜 이렇게 얼굴이 부었어요?" 물으면서 다 같이 낄낄대며 아이스브레이킹* 시간을 가진다. 붓기가 좀 줄어들 때쯤 점심시간이 된다. 진행 중인 회의에서 시간을 넘겨 점심시간을 뺏지 않기 위해 빠르게 회의내용을 정리하고는 식사를 맛있게 하라며 화상 회의를 종료시킨다. 그제야 엉덩이를 떼고 화장실도 가고 식사를 준비하려고 부엌으로 가서 냉장고를 뒤져본다.

---

* 아이스브레이킹이란? 회의를 시작할 때 어색함을 풀기 위해 분위기를 환기하는 것

11:30 AM 회식을 겸한 점심

가끔 점심시간에 회식이 잡힐 때도 있다. 재택근무라면서 점심 회식을 어떻게 한다는 거야, 또는 요즘 같은 때니까 대충 온라인으로 어떻게 만나는 건가 짐작할 수도 있을 것 같다. 그렇다. 화상 회의실이라는 가상공간을 통해 다 같이 음식을 들고 노트북 카메라 앞에서 만나는 것이 재택근무 중 점심 회식이다. 이 회식의 초대장은 구글 캘린더를 통해 주최자가 보낸다.

날짜와 시간이 정해지고 구성원들이 누구인지, 점심 회식을 할 것이다 쓰인 메모를 포함해 이메일을 날리면 각 초대된 사람들의 캘린더에 새로운 일정이 추가된다. 참석자들은 '참석'하겠다는 의사를 표한 뒤 점심시간 30분 전에 미리 배달로 각자의 식사를 주문한다.

내가 먹고 싶은 음식을 취향 것 골라 주문할 수 있으니 이건 온라인 회식의 장점 중 하나다. 다 같이 골라야 하는 회식 자리에서 메뉴와 음식의 양 그리고 비용까지 대세를 따라야 해서 눈치를 보게 됐던 이전과 달리 모두 개별적인 것은 마음이 참 편하다.

음식이 도착하면 업무 책상에 한상 차려 놓고 식사를 시작한다. 먼저 음식이 도착한 사람은 아직 못 받은 사람을 기다리지 않고 먹는다. 화면에서 음식 향이 느껴지지는 않으니까 딱히 배고픈 지금이 더 고통스럽지는 않다.

식사를 시작한 사람에게 무엇을 주문했는지, 맛은 어떤지 그리고 간단한 먹방도 요구하면서 잡담을 주고받는다. 주문한 메뉴들을 보면 그동안 회식 메뉴를 어떻게 하나로 통일시켜 잘 먹었나 싶을 정도로 다양하게 나온다. 어떤 이는 식이조절을 위해 닭가슴살과 샐러드를 주문했다. 일단 푸짐한 식사를 주문한 뒤 디저트와 커피를 이어서 미리 주문해둔 이도 있다. 또 어떤 이는 채식을 오랫동안 해왔던 사람이라 두부나 버섯을 포함한 한식 메뉴를 주문했다.

이 와중에 나는 배가 딱히 고프지 않아 아메리카노 커피 한 잔과 마들렌 하나로 간단하게 준비했다.

먹는 동안에도 여러 가지 일들이 벌어지기도 한다. '푸'라는 이름을 가진 발랄한 반려견 비숑 프리제가 식사를 뒤엎고 도주하는 바람에 스테파니 님이 꽥 소리와 함께 사고를 수습하는 실황을 시청하기도 했다. 또 호기심 많은 꼬마 아이가 카메라 앞에 앉아있는 엄마에게 슬며시 다가와 화면 안에 자리 잡는다. 그리고 엄마에게 꼭 붙어서 귀여운 목소리로 팀원들과 수줍게 "안녕하세요." 인사를 나누기도 한다.

실제로 식당을 빌려 밥상에 둘러앉아 술잔을 부딪치며 의 기투합하는 열띤 술자리의 회식은 아니지만, 업무 책상 앞에서라도 인간 냄새가 나는 구석이 있는 회식의 형태다. 그래서 몇 번의 회식을 해보고선 고등학교 동창생 친구들과의 모임도 온라인 회식과 똑같은 방법으로 적용해봤다. 정 없게 모임을 대충 때우려는 거냐며 긴가민가하는 친구들을 온라인으로 초대했다. 전국 각지에 흩어져 있는 친구들이 동시간에 접속했고, 랜선 집들이부터 시작해서 그동안 지겹도록 말만 들었던 가족들을 화면으로 끌고 와 소개하기 등 화기애애한 모임을 성공적으로 마쳤다. 재미를 들인 친구들은 종종 이렇게 만나고 있다.

12:30 PM 오후 회의 퍼레이드 시작

보통의 기획자는 주된 업무 중 하나가 커뮤니케이션이다. 어떤 이는 소통이 기획 업무 대부분이라고 말할 정도로 일과의 절반 이상을 회의가 차지한다. 왜일까? 바다로 항해한다고 비유했을 때, 기획자는 선장과 같은 역할을 담당하고 있다고 생각하면 좀 더 쉽게 이해할 수 있다. 출항시키기 위한 준비부터 배의 진로 방향 설정 그리고 선원들과의 소통까지, 여러 가지 형태의 역할을 동시에 수행해야 한다.

구체적으로 어떤 일을 누구와 어떻게 하는지를 읊어보려고 한다. 첫 순서는 이 일을 왜 해야 하는지 '문제 정의'부터다. 보통 앱 서비스를 기획하다 보면 사용자의 이용 후기나 불만 사항을 참고하거나 스스로 사용하면서 사용성을 분석하여 더 나은 제품을 만들기 위한 문제점을 찾는다. 찾다 보면 가지 수나 개수로 봤을 때 몇 트럭이 쏟아진다.

이 많은 것 중에서 어떤 것이 더 중요하고 시급한 일이며 왜 그런지의 원인과 이유를 자세히 분석하고 해석한다. 문제가 무엇인지를 파악하는 과정이다. 그런데 이것은 혼자만의 연구 활동이 아니다. 최소 2명 이상의 기획자 간에 기획 관점에서 사용자의 목소리(VOC, Voice of Customer)를 바라보고 느낀 의견들을 각자의 경험과 노하우를 바탕으로 내놓고 열띤 논의를 나눈다. 그리고 나서 모인 의견과 가설을 바탕으로, 데이터 분석팀과의 문제라고 보는 것들을 데이터 기반 신뢰도를 높이기 위해 현황 파악과 가설을 뒷받침할 재료들을 발굴한다. 또 만나야 하는 다른 팀인 사업 기획팀과는 서로가 같은 목표를 가졌는지 또는 서로의 목표를 저해하지는 않는지 매출과 긴밀한 관계를 주로 검토한다.

앞의 과정이 얼추 마무리되면 결정한 안건들이 법리, 도덕적으로 리스크를 가지고 있지 않은지에 대해 법무팀과도 만나게 된다. 여기까지가 첫 단계에서 만나는 대표적인 협업 관계며 추가로 언급되지 않은 더 세분된 유관부서도 있다. 이렇듯 정신없이 만남을 이어가면서 여러 차례 머리를 맞대고 쥐어짜면 순도 높은 방향성과 목표가 추출되는 것이다.

　이쯤 되면 고개를 갸우뚱거리며 이상하다고 느낄 것 같다. 누구나 '앱 서비스 기획자'라고 말하면 다들 상상할 사용자 인터페이스(UI, User Interface)와 사용자 경험(UX, User Experience)은 언제 누구와 어떻게 논하는지는 지금까지 사용자 인터페이스의 의 'ㅇ'자도 언급도 없었다.

　그렇다. 앞서 줄줄이 늘어놓은 거대한 산들을 넘은 후에야 만날 수 있는 다음 작업이 UI/UX 설계이다. 그리고 이 설계의 여정이 끝이 아닐 뿐만 아니라 새로운 시작이라고 말해도 과언이 아닐 정도로 주고받는 수많은 논의 과정이 필요하다. 왜냐하면 사용자 경험도 좋으면서 심미적으로 완벽히 하고 또 이를 기술적으로 구현할 수 있는지를 디자인과 개발 각 팀과의 협의해야 하기 때문이다. 그리고 협의가 되면 이를 테스트하여 오류들이 발생해 사용자들이 불편을 겪지 않도록 확인하는 품질 개발팀과 QA(Quality Assurance) 작업도 기다리고 있다.

　여기까지 쉼 없이 말하다 보니 수다쟁이처럼 쏟아냈는데도 사실은 언급되지 못한 협업자들이 아직도 많이 남아있다. 시상식에서 영화배우들이 마이크를 붙들고 지겹도록 고마운 사람 이름들을 불경 외 듯 읊어 대는 심정이 심각하게 이해된다.

회의 일정이 빼곡한 캘린더 화면

    결국 말하고 싶은 것은 헉헉거리며 돌아다니면서 이 세상 사람들 다 만날 것 같은 태도로 사람들과 끊임없이 소통해 일을 돌아가도록 만드는 것이 서비스 기획자의 주된 직무이자 일상이라는 것이다.

    그런 기획자의 일상을 1초 만에 이해시킬 한 장의 사진은 회의가 예약된 캘린더이다. 앞에서도 언급했듯이 회의를 위해서는 구글 캘린더를 이용해 서로의 회의 시간을 예약하는데 이것들이 날짜 별로 알록달록한 레고처럼 잔뜩 끼워지고 쌓인다. 그래서 회의 시간을 잡기 어려워서 일정 간 조정하고 미루고 다니는 일을 해야겠다는 의미로 "일정 테트리스 해야겠네요"라는 표현을 말하곤 한다. 특히 나의 팀장은 상위 조직부터 실무까지 무수히 많은 회의를 소화해야 하므로 날아다니는 수준인데 항상 호탕한 웃음과 함께 그 말을 했다. 아마도 일정 테트리스

게임이 있다면 명예의 전당에 올라 있을지도 모르겠다.

5:00 PM 드디어 퇴근!

테트리스 된 일정들을 넘나들다 보면 오후 업무가 어느새 종료되어 퇴근 시간 5:00 PM이라는 알림 메시지가 도착한다. 온라인이라 음소거지만 다들 텍스트 메시지로 벌써 근무 시간이 벌써 끝나버린 것에 믿을 수 없다는 반응으로 아우성친다. 시간이 많든 적든 항상 주어진 업무가 그 시간보다 적을 수는 없는 것이 사실이고 당연하게 생각한다. 회사가 과도한 양의 일을 주는 문제라고 생각할 수도 있지만 내 생각은 다르다.

좀 더 나은 방법은 없을까, 이 결정이 정말 맞는 것일까, 이렇게 진행하면 문제가 없을까. 꼬리에 꼬리를 물고 세심하게 챙기다 보면 간단히 절차대로 처리할 일이 더욱 시간이 필요할 수밖에 없다. 좋은 결과를 내기 위한 의욕을 가진 건강한 구성원들이 모여 있어서 너도나도 똑같이 한 목소리로 낼 수 있는 거로 생각한다.

나도 함께 비명을 지르고 나서 내심 혼자 좋은 동료들이란 생각에 훈훈해진 마음으로 더 근무할지 내일의 나에게 일을 미룰지 고민한다. 어제 남은 업무를 마무리하느라 늦게 자서 피곤했으니 오늘은 '저녁이 있는 삶을 택해야겠다'며 노트북을 덮고 1초 만에 퇴근한다.

재택근무로 효율 200% 내기

일과가 어찌 보면 오프라인 근무일 때보다 온라인으로 재택 근무하는 것이 더 빡빡하게 돌아가는 게 아닌가 느껴질 때도 있다. 사무실에서 근무하면 너도나도 지친 시간대를 노려 커피 타임을 외치고 사내 카페로 삼삼오오 모여서 쌓인 고민을 풀어 놓고 시간을 보낼 때도 있다.

재택이 아무리 길어져 익숙해졌다지만 동료에게 카메라를 켜고 온라인 회의실로 불러 커피를 마시며 잡담을 나누려는 시도가 선뜻 나오지 않는 것이 현실이다. 그리고 물리적인 이동 시간이 필요하지 않다 보니 회의 시간은 시차 없이 예약되는 것이 종종 생긴다. 그러면 앞선 회의의 창을 끄고 다음 회의의 창으로 30초 이내에 옮겨가서 참여하게 되는 것이다.

이것이 재택근무의 현실인데 가끔은 일 안 하고 노는 것 아니냐는 오해에 구구절절 설명하지는 못하고 속이 상할 때가 있다. '마우스 포인터를 자동으로 옮겨주는 매크로를 사용하고 너는 누워있는 것 아니냐?'라는 농담 반 진담 반 이야기를 듣곤 한다.

위의 기획자 재택근무 일과를 간접적으로 체험해 본 분들은 근무 형태와 관계없이 성실하게 일하는 사람들에 대한 오해가 다소 풀렸기를 바라는 마음이다.

똑같이 열심히 근무하는 것이라면 왜 재택근무 형태를 선호하는 사람들이 존재하는지 스스로 이유를 정리해보면 3가지 정도가 있다.

첫째로 줄기차게 회의를 이어 나가야 하는 기획자는 회의실 예약이 가장 골치 아픈 일 중 하나였으나 이를 해결해주었다. 참여자 수에 따라 회의실 좌석 수를 생각해야 하고, 자료들을 공유할 때 다 같이 볼 수 있는 스크린에 연결이 잘 되는지 회의실마다 미리 세팅하고 체크해야 한다. 어제 잘 되던 것이 오늘은 안 될 수 있다. 여러 사람의 노트북은 각기 다른 성능을 가지고 있고 이를 회의실 장비에 연결하다 보니 설정 값들이 동일하게 유지되지 않아 생기는 일이다. 그러나 화상회의 솔루션 (Zoom, hangout 등)을 사용하면서 그 한계를 뛰어넘을 수 있었다.

화상회의 공간은 좌석 수가 거의 무제한에 가깝다. 요즘 많이 사용하는 줌4은 최대 500명까지 가능하니까 웬만한 회의에서 문제가 되지 않는다. 회의 동안에 보여주어야 할 자료들은 나무를 베야 하는 종이 자원에 인쇄할 필요 없이 클라우드 저장소에 있는 문서의 링크를 전달하면 된다. 그리고 장표 같은 발표 자료는 각자의 화면에 띄워주면 가까이 또는 멀리 앉은 참여자들을 신경 쓸 필요 없이 아주 평등하게 보여줄 수 있다.

발표자의 목소리도 참여자 모두에게 공평하게 제공될 뿐 아니라 개개인이 원하는 소리에 맞춰 조절하면 되는 자유도 주어진다. 발언자와 청자 모두가 쾌적한 환경에서 회의에 참석할 수 있는 것이다.

다음으로는 직무를 떠나 모든 재택근무자에게 해당하는 이야기다. 출퇴근 이동시간을 내가 원하는 일로 채울 수 있다. 나의 경우는 하루에 80분을 아낀 덕에 운동하면서 몸과 마음에 쌓인 독소를 배출하는 데 쓰고 있다.

만원인 지하철 9호선 열차 안에서 오장육부가 터지도록 사람들 사이에서 끼인 채로 내릴 정류장만을 기다렸었던 나의 과거의 시간을 생각하면 말도 안 되는 수준으로 삶의 질이 올라갔다.

물론 스마트폰이라는 똑똑한 발명품이 생겼으니 열차로 이동하는 동안에 책을 읽거나 음악을 듣는 등 콘텐츠를 소비하면서 유용하게 보낼 수 있다. 다만 한 가닥의 콩나물 시루가 되는 순간에는 진보된 기술의 산물이고 나발이고 양손 모두 가지런히 모아 예의 바른 자세로 옴짝달싹하지 못하는 상태로 체념할 수밖에 없는 것은 참 유감이다.

마지막으로 효과적인 소통을 할 수 있다는 것이 몸소 깨달은 온라인 근무의 장점이다. 업무는 모두 사람 간의 대화에 의해 생겨나고 진행되고 끝난다. 그렇기 때문에 소통이 얼마나 잘 되는지가 일의 결과와 진행 속도에 가장 중요한 지표이기도 하다. 재택근무 초기에는 이 점에 대해 대다수의 회사는 심각한 우려의 목소리를 냈다. 구성원 간의 소통 단절이 일어날 것이고 업무가 마비되거나 제대로 진행되지 않을 것이라는 내용이었다. 2년 넘게 재택근무를 유지했던 회사들이 임시가 아닌 정식으로 원격 근무형태를 기본으로 선언하는 요즘 상황이 업무하는 데 문제가 되지 않는다는 것을 증명해주고 있다.

　　어떻게 서로 만난 적도 없는 관계에서 업무를 완수하기까지 걱정했던 소통의 문제점들을 극복했을까? 시대에 맞게 소통을 위한 업무 도구를 제공하는 서비스가 이를 계기로 발전했다. 그러면서 관심도가 낮았던 화상회의 줌(ZOOM)이나 행아웃(Hangout) 등을 크고 작은 사기업부터 공공기관인 학교에서까지 쓸 정도로 일반화가 되었다. 사람 대 사람의 대화도 전화도 할 수 있지만 슬랙(Slack), 팀즈(Teams)와 같은 채팅 기반 솔루션으로 메시지를 더 많이 주고받고 그 안에서 글자뿐만 아니라 이미지, 영상, 인포그래픽 등 다양한 형태를 실시간으로 공유한다. 이는 공중에서 분해되는 목소리와 달리 기록물이며 기억이 희미해져 필요할 때 꺼내볼 수도 있고, 당시에 아주 관계없던 불

특정 다수 중에 누군가가 당장 필요해진 순간 해당하는 그 내용을 검색으로 찾아보는 것이 가능해졌다.

이처럼 온라인 소통 방법이 고도화되면서 감정을 표현하는 이모지(이모티콘)도 기막히게 쓸 수 있게 되었고 이는 딱딱한 글자들을 사이에서 풍미 넘치게 하는 역할을 해준다.

재택근무의 치명적인 단점

지금까지 재택근무는 최고 효율적인 근무 형태라는 말만 늘어놓았다. 누가 보면 홍보대사라고 생각할 수준이다. 테슬라 창업자 일론 머스크가 들으면 '말도 안 된다'며 '모르는 소리 하고 있네'라고 핀잔을 줄 것이다.

솔직히 말하자면 재택근무를 비판하고 수용하지 않는 이들에게 거칠게 반박하며 지금까지 읊어 댄 자신의 주장을 일괄할 수 없다. 최소 1년 이상을 완전 재택근무로 업무를 해보니까 도저히 온라인 환경에서는 해결할 수 없는 문제가 있음을 발견했기 때문이다.

사회적 동물이라고 하는 사람에게서 인간관계를 맺는 능력을 빼앗아버린 것이 바로 재택근무이다. 그 메커니즘이 어떻게 되는지를 관찰해봤다.

재택이 시작되면서 각각의 사람을 집이라는 유리 상자 안에 넣게 되었다. 격리되었지만 유리 상자에 들어가 있는 사람끼리 누구인지 알 수 있고 표정과 목소리로 소통할 수 있다. 하지만 서로 손을 잡거나 팔이 스치는 일은 일어나지 않는다. 실수로 상대방에게 커피를 쏟아 미안해하며 다음에 사과의 의미로 다시 만나 밥을 사겠다는 내용의 대화는 생길 수 없다. 그 사람이 어떤 분위기와 내음을 풍기는지 2D로 된 영상이나 사진에서는 개체만의 특성을 알아낼 방법도 없다. 지나가다 우연히 눈이 마주쳐 인사를 할 기회도 없다. 업무 외 모든 접점과 잡담의 기회가 삭제된 것이다.

일하는 곳에서 인간관계가 좀 부족해지는 것이 뭐가 치명적이냐고 물을 수 있다. 그러나 회사도 사람들이 부대끼며 생활하는 공간이자 집단이다. 모든 일이 기계처럼 정해진 법칙에 따라서 움직이기만 하는 것이 아니다. 특히 IT 회사의 경우는 세상에 태어난 적 없는 생각들이 무척이나 소중하다. 이것은 일상적으로 하는 업무보다는 옆자리 동료와의 하하 호호 잡담에서 툭 튀어나올 확률이 더욱더 크다는 것이다.

좋은 업무 환경과 문화로 익히 알려진 회사 '우아한형제들'은 구성원을 위해 만든 '일 잘하는 방법 11가지' 생활 가이드 내용에서 잡담은 경쟁력이라는 내용을 직접 언급하고 있을 정도이다. 몸소 겪었고 다수가 그렇다고 말하는 상황에서 유리 상자 문을 열고 나오지 않을 이유가 없었다. 그래서 더 자주 출근해

보기로 마음먹었다. 기회만 생기면 커피를 마시자고 주변을 조르고 오피스로 출근하는 일을 더 이상 번거롭게 생각지 않기로 했다.

아직 대조하기엔 충분치 않은 기간이지만 새롭고 다양한 인간관계를 시도하는 과정에서 벌써 나의 활력과 사고력이 향하는 곳은 상승으로 조정되었다고 느끼는 요즘이다.

요즘을 살아가고 있는 앱 서비스 기획자의 재택 일과와 이에 대한 솔직한 경험과 생각들을 꺼내봤다. 대다수 기획자의 모습이라기에는 단편적인 내용일 수 있다. 아마도 문 틈새로 보이는 세상을 한쪽 눈으로 보는 정도의 기회가 되었을 것이다. 그래서 지극히 평범하면서도 내향적인 기획자 친구가 좀처럼 열지 않던 입이 터져서 늘어놓은 잡담이라 생각해 들으면서 소소한 흥미를 느꼈으면 하는 바람이다.

온라인 회의 중 해프닝

그날은 유독 피곤했다. 아침에 겨우 눈을 뜨고 급한 대로 옷을 걸치고 출근 시간이 임박해 겨우 책상에 앉고 온라인 화상 회의에 접속했다. 하지만 프로 정신을 가져야 한다는 일념으로 회의 안건에 대한 의견을 내고 적극적으로 참여했다. 열띤 토론 중에 갑자기 열린 내 방 창문으로 외부 소음이 들어왔다. 나는 재빨리 몸을 일으켜 창문을 닫고 자리로 돌아왔다. 그리고 앉았다. 그리고 내가 바지를 안 입었다는 사실을 기억해냈다. '맙소사…'라는 내적 비명을 수십 번 지른 후 합리화하며 마음의 안정을 되찾았다.

매우 빠른 동작이라 스치듯 봤으면 그냥 타이트한 바지라고 봤을 거야. 복서 스타일 입고 있었으니까 괜찮아. 혹여나 누군가 봤더라도 그조차도 눈을 의심하며 잘못 봤으리라 생각했을 거야. 회의가 끝난 후 그렇게 한참을 되뇌었던 것이 나의 사소한 재택근무 해프닝이다.

그 일이 생긴 후 한참 시간이 지난 어느 날, 몇몇 팀원들과 차를 마시며 담소를 나누면서 일화를 털어놨다. 아찔한 그 상황을 낄낄대며 이야기 나누는 동안 나는 두 번째 챌린지를 받았다. 이번에는 밸런스 게임이다.

"당신은 바지를 미처 입지 않았던 상황을 다시 겪어야 한다. 다만 입고 있을 팬티의 스타일은 2가지 중 한 가지를 선택할 기회를 주겠다. 누가 봐도 섹시하고 타이트한 T 팬티, 헐렁하고 축 늘어진 순면 팬티 중 당신의 선택은?"

그 자리의 사람들은 저마다의 이유로 선택이 달랐다. 읽고 있는 당신은 무엇을 선택할 것인가?

성장하는 앱을 지켜봐 주세요

　　업데이트 알림을 보면 귀찮음과 성가심부터 먼저 밀려오는 사람들이 꽤 많다. 또 일부는 자동 업데이트 기능을 꺼두고 강제 업데이트를 요구하지 않는 이상 설치했던 버전을 계속 유지한다. 통계상 얼마나 높은 비율을 차지하는지 수치로 된 정보는 없지만 주변인들의 이야기를 들어보면 10명 중 8명 이상이 앱 업데이트에 무관심하거나 거부감을 가지고 있다. 이는 대다수 사람의 생각과 크게 다르지 않을 것이라 단언한다. 왜 업데이트가 싫은 걸까? 공통으로 말하는 주장이 있다.

　　업데이트 자체에 거부감이 있는 사람들은 보통 변화된 모습이나 기능에 불편함을 느낄 것이라고 막연히 생각한다. 잘 쓰던 기능이 사라지거나 갑자기 필요할 때 제대로 작동이 안 될지도 모른다고 걱정한다. 바뀌어 버린 정보와 버튼의 배치나 순서에 익숙하지 않아 다시 사용법을 익혀야 하는 것에 부담을 느낀다. 안 그래도 복잡한 세상에 해야 할 일도 배울 것도 많은 마당에 편하게 하자고 쓰는 앱 서비스마저 공부를 다시 하라고 하면 내 속 안의 답답함이 뛰쳐나오게 되는 원리라고 본다. 그렇기 때문에 앱 서비스를 만드는 사람이면서 직접 사용하는 입장이기도 한 기획자들이 이를 깊게 공감하고 있으며 앞선 걱정을 덜기 위해서 업데이트를 위해 어떠한 일들을 하는지 이야기해보려고 한다.

이 잡듯이 오류 잡아내기

업데이트했더니 실행이 안 되거나 오류가 발생하는 문제를 거의 99.9% 이상 제거하기 위해 품질테스트(QA)를 빈틈없이 수행한다. 이런 품질 테스트라는 것은 같은 형식은 아니더라도 일반적으로 다른 분야에도 동일하게 진행되는 과정이다.

식품의 경우 위생적인 공정을 거치는지, 아동용 장난감은 아이가 입에 물었을 때 유해하지 않도록 독성을 물질이 나오지는 않는지 등 적정한 기준에 따라 검증하는 일들이다. 앱 서비스에도 마찬가지로 존재하는 절차이며 서비스가 시나리오대로 잘 흘러가는지, 기능에 오류가 없는지, 갑자기 앱이 비정상적으로 종료되지는 않는지 등 점검한다. 보통 이 오류를 버그(Bug)라고 부르는데, 품질테스트 과정에서 문제가 발견되면 관련 있는 코드를 샅샅이 뒤져 버그를 잡아 수정한다고 표현한다.

이 과정에서 특히 공을 들이는 부분은 기획자와 품질관리 그리고 개발팀이 서로 머리를 싸매고 생각해낼 수 있는 모든 상황을 테스트 대상으로 삼는 것이다.

예를 들면 삼성 갤럭시를 쓰는 사람도 애플 아이폰을 쓰는 사람도 기기가 다르지만, 똑같은 기능을 문제없이 사용할 수 있어야 한다. 또한 업데이트 이전에 사용하던 내용들이 유실되거나 변경되는 것 없이 그대로 찾아보거나 활용할 수 있어야 한다. 이해하기 쉬운 상황들을 설명하는 것이라 당연한 것을 대단한 것처럼 말한다고 느껴질 수 있다. 이는 빙산의 일각일 뿐 어마어마한 양의 테스트해야 하는 상황들이 차례대로 기다리고 있고 통과하지 못하면 새로운 버전이 사용자들에게 배포되지 못한다.

가끔 혀를 내두르는 테스트 케이스도 있다. 1초 미만의 간격으로 연속된 터치를 하면 처리되는 방식, 장바구니에 상품을 넣었다 삭제했다고 반복하거나 상품을 수령하는 타입이 다른 상품을 담았을 때 등, 누가 대체 이런 말도 안 되는 행동을 할까 싶은 희한한 경로도 빠짐없이 포함한다. 월간 2천만 이상의 사용자가 드나드는 앱 서비스를 개선할 때는 다양한 상황들이 발생할 수 있다는 전제하에 치밀하게 검증해야 한다는 기조인 것이다.

아주 적은 확률이라도 불편을 겪는 사용자는 떠나가거나 추천하지 않아 잠재 고객들을 이에 따라 잃을 수 있으니 말이다. 이러한 절차를 거치면 사실상 대부분의 사용자는 업데이트

버전의 앱에서 사용이 불가한 상태는 물론 사소한 오류도 마주하는 일은 거의 없다. 이 점에서 안심하고 사용할 수 있다고 설득하고 싶다.

기기 테스트 이야기가 나와서 말인데 나의 소소한 이야기를 덧붙이고 싶다. 나는 삼성 갤럭시 모델을 지속해 사용해왔다. 삼성으로부터 지원을 받을 일도 없거니와 주변인들이 임직원도 아니며 오롯이 개인 비용으로 구매해 사용하는 꽤 열성 사용자다.

IT 회사에서 안드로이드 운영체제에 삼성 갤럭시 모델을 쓰는 사람이 기획자, 디자이너, 개발 3가지 직군에서 생각보다 찾아보기 어렵다. 브랜드마다 그 이미지가 있는데 아무튼 테크 회사의 트렌디한 사람들은 다 애플의 아이폰을 쓴다는 무언의 약속들이 있는 듯하다. 그래서 갤럭시 폴드3 모델과 갤럭시 워치4 두 가지의 신제품을 자랑하려는 부푼 마음으로 출근했다가 억수 같은 놀림 세례를 맞았던 기억이 난다. 혹시 부모님이 삼성 임원인가요? 어디서 행사에 당첨되어 받은 것인가요? 갤럭시 워치는 핸드폰 살 때 받은 사은품인가요? 등등⋯ 나는 나대로 애플페이(Apple Pay) 못 써서 촌스럽게 지갑 들고 다니냐? 역공해도 소용이 없었다. 아마도 10명 넘는 사람들이 모인 자리에서 나 하나 갤럭시 사용자였기 때문에 무방비하게 당할 수밖에 없었다. 이 치욕을 되갚아주겠다고 생각하는 나는 이런 면에서 꽤 특이하다고 평가받는 기획자다.

당신을 위한 새 기능을 준비했어요

앱 서비스를 운영하는 것은 쉐프가 식당을 운영하는 것과 같다. 평판이 좋은 식당은 주기적으로 방문하는 단골들의 식사가 지겹게 느껴지지 않도록 메뉴를 끊임없이 연구한다. 아무리 맛있는 곰국이라도 여행 가시는 어머니께서 한 솥 끓여놓은 것을 보면 속으로 비명을 내지를 수밖에 없는 것과 같다. 하지만 여전히 대표 메뉴를 찾는 첫 방문 고객과 고집스러운 단골도 있기 때문에 기존 메뉴를 없앨 수 없으면서도 맛있음을 유지하거나 아주 섬세하게 변화를 시도하여 더 좋은 경험을 제공해야 한다. 아무튼 기존 메뉴와 새로운 메뉴 모두를 신경 써야 한다는 말이다.

이때 식당과 앱 서비스의 큰 차이점이 있다. 식당은 고객이 보는 메뉴판을 바꿔서 주면 이전 메뉴들은 더 이상 선택할 수 없고 새로 바뀐 메뉴들을 바로 둘러보고 선택할 수 있다. 하지만 앱 서비스는 사용자가 업데이트하지 않는다면 계속 과거에 제공되었던 서비스 이용을 유지한 채 새로운 기능은 그 모습조차 볼 기회가 없다. 서비스 기획자들은 보통 새로 바뀐 앱을 출시하고 나면 직후에 얼마나 많은 사람이 업데이트하고 있는지 사용률이 목표한 궤도에 올라갈 때까지 지속해 살펴본다. 이를 지켜보는 동안에는 여러 감정이 공존한다. 사랑하는 그대의 생일에 만나기 전에 선물을 사고 나서 신중히 고른 이 선물을 마음에 들어 할까 초조한 마음이다.

시간이 지나면서 최신버전 업데이트 사용자의 비율은 출시 이후 한 달 이내에 대부분 90% 이상 최신버전으로 전환된다. 그 과정에서 준비했던 선물 같은 기능들이 좋다 나쁘다는 목소리들을 낸다. 관심과 애정에 직접 껴안고 말을 할 수는 없지만 그만큼 고마운 마음을 느낀다. 그러나 여전히 극소수의 사용자들은 암모나이트 수준의 과거 버전을 유지하고 있다. "난 바쁘고 한편 귀찮아서 너랑 언제 볼 수 있을지 모르겠어"라고 하는 연인을 보는 기분이다. 준비한 선물을 줄 수 있기는커녕 만날 수도 없는 짝사랑이다. 이럴 때는 선물이 맘에 안 들어서 퉁퉁거려도 좋으니 제발 포장을 뜯는 얼굴과 표정을 보여줬으면 하는 심정이다.

실제 크고 작고를 떠나서 기획자라면 모든 업데이트마다 느끼는 감정이라고 단언한다. 나의 경우 소소한 기능으로 출시했던 '가게 오픈 알림'이 떠오른다. 대대적으로 서비스를 새로 만들거나 개편한 것이 아닌 작은 범위의 기능을 추가하는 작업이었다. 배민 앱에서 음식 배달시키고 싶은데 가게가 아직 문을 열지 않아서 기다리는 사용자가 얼마나 많을지 알아보려는 작은 실험적인 프로젝트였다. 최소 기능 제품(Minimum viable Product, MVP) 수준인 만큼 빠르게 기획하고 개발한 이 기능은 단숨에 출시하고 배포되었다. 그런 만큼 고객이 어서 빨리 앱을 업데이트하고 새로 생긴 버튼을 발견하길 바라면서 업데이트된 버전 배포율을 열심히 지켜보면서 앱 피드백을 찾아다녔었는데, 짝사랑하면서 애닳는 마음과 참 닮았던 것 같다.

최신 업데이트가 보장하는 이득 3가지

대다수 사람이 스트레스 받는 대표적인 요소를 속도, 오류 그리고 배터리를 꼽는다. 엄밀히 보면 이 세 가지는 긴밀한 관계를 맺고 있다. 오류가 많으면 앱은 충돌이 발생한다. 이때 어떻게 처리해야 할지 알 수 없는 시스템은 다음 절차를 수행하지 못하면서 속도가 느려진다. 그리고 충돌한 지점에서 쓸데없이 많은 배터리 에너지를 사용하게 되는 것이다.

전체의 사용성을 판가름하는 이 3가지 요소들은 업데이트 시 기본적으로 더 최적화하도록 포함되어 있다. 성능과 관련된 것들로 기획자보다는 개발자와 QA에서 더 신경 쓰는 부분이기도 하다. 사용하는 앱의 개발팀에 신뢰하고 빠른 최신 업데이트를 한다면 "왜 이렇게 느려?", "왜 작동 안 하는 거야?", "충전한 지 얼마나 됐다고 벌써 배터리가 이렇게 닳았어?" 말을 줄이는 데 꽤 도움이 될 것이라 확신한다.

　여기까지 업데이트를 권하는 영업을 신명 나게 했지만 한편 어쩔 수 없는 상황도 있다. 앱 기능상 오류는 전혀 없으나 사용성이 기대에 미치지 못하는 경우가 생길 수 있고, 사용자별 설치해둔 다른 앱이나 기기 설정에 따라 예상치 못한 충돌이 발생하기도 한다. 그런데도 업데이트를 권함과 동시에 즉각적인 서비스 대응을 약속한다고 말하고 싶다. 더욱더 나은 경험을 위해서는 사용자도 개발자도 이 상황을 겪는 것이 필수 불가결한 조건이며 함께 만들어 나간다고 생각한다.

　다만 전 과정에서 새 시작점을 맡아 진행하는 서비스 기획자인 나는 항상 선두에 있다는 것을 명심하고 있다. 앞장서서 서비스가 올바르게 잘 성장하고 있는지 확인하고 끌어가는 역할을 해야 한다고 스스로 생각하면서 최선을 다하겠다고 다짐한다.

　공고한 내 의지를 보이는 이 기회를 빌려 서비스 모든 사용자이자 고객에게 믿고 함께해 주시기를 당부 부탁하고 싶다.

4

IT업계에서 장기근속?

○ 배민을 오래 다니는 이유
○ 이직할 결심

_최세지 (배민에서 8년! 배민외길 인생)

배민의 자칭 타칭 고인물. 배민 8년간 다사다난했던 이야기들을 소개합니다. 3년차 팀 매니저로 지금은 개떡같이 말해도 찰떡같이 알아듣는 동료들과 재미있는 하루하루를 보내고 있습니다. 야근을 하더라도 성장을 꿈꾸는 동료들과 이것저것을 공부하고 시도하며 강제적 갓생을 살고 있습니다.

배민을 오래 다니는 이유

'요즘 시대에 평생 직장이 어딨고, 평생 직업이 어딨냐.' 여기 저기서 많이 듣는 말이다.

다들 이직을 통해서 내가 할 수 있는 일들을 확장해 나가려고 하는 것 같다. 이직을 거듭하면서 다양한 업계를 경험하면서 한 분야가 아닌 여러 분야에서 성과를 낼 수 있음을 증명해서 자신의 가치를 상승시키려고 한다.

하지만, 나는 우아한형제들에 9년째 재직중이다. 한 회사에 오래 다닐거라는 생각은 나조차 하지 못했다. 입사 초기에는 3년은 채우자라는 마음이었는데, 정신을 차려보니 시간은 훌쩍 지났고 배달의민족 서비스는 폭발적으로 성장해 전국민이 아는 배달앱이 되어있었다.

내가 최근에 가장 많이 듣는 단골 질문은 바로 '세지님은 배민을 오래 다닌 이유가 무엇이라고 생각하세요?'이다.

여러가지 이유가 머리속으로 스쳐 지나갔지만 핵심만 간추리기 어려웠다. 이러한 질문을 받을 때마다 성장의 기회가 많았다는 답변을 했지만, 왜 내가 오래 다니게 되었는지 입사 초기부터 지금까지의 시간들을 되짚어 볼 필요가 있었다.

우아한형제들의 첫 인상

2014년 '우아한형제들'에 입사했다. 나는 입사할 때부터 배달의민족 앱을 많이 사용하는 유저였다. 내가 사용하는 서비스를 만든 회사에 들어가는 것에 신기할 따름이었다.

입사 첫날, 소위 비지니스 캐주얼이라고 말하는 나름 정장 차림의 옷을 입고 회사에 갔는데 사람들은 반팔, 반바지를 입고 있었고 기존의 회사분위기는 많이 다르겠구나라는 것을 직감할 수 있었다.

회사를 소개하시는 직원분이 피플팀이라고 소개하시면서 회사를 돌아다니면서 이곳 저곳을 소개 시켜주었다. 회사는 총 3개의 층을 나눠 쓰고 있었고, 회사에는 칸막이가 전혀 없었다. 회사 벽에는 배달의민족 폰트로 가득한 포스터들이 이리저리 붙어있었고, 생각치도 못한 곳에 위트 있는 문구들이 회사에 적혀져 있었다.

'이번 고비가 지나면 다음 고비가 온다.'

'풋!'하게 만드는 문구들은 회사의 가치관을 대변하고 있었다.

이어서 회사를 소개 시켜주시는 피플팀이 갑자기 신발을 벗으시더니 짧은 통로로 걸어갔다. 따라 들어가니 통창으로 석

촌호수가 한눈에 내려다 보였고, 옆에는 계단이 나있는 공간이
있었다. 곧 회의실이라고 소개하시는데 전통적인 회의실과는
확연히 다른 모습에 놀라지 않을 수 없었다.

'아니 여기서 회의를 한다고? 이렇게 개방된 공간에서 업무
에 집중이 될까?'라는 생각이 들었다. 이후 몇 가지 절차가 끝
난 후에 나는 팀으로 안내 되었다.

그런데 우리팀 분들은 동분서주하면서 정말 바빠 보였다.
사무실을 둘러볼 때도 회의를 열정적으로 하고 있는 구성원들
을 어느 곳에서든 볼 수 있었다.

그 당시 기획팀은 PM 총 4명뿐인 총 4명의 아주 작은 팀
이었다. 출근 첫날, 자리에 앉았는데 팀 전원이 회의를 하러 가
더니 이후 감감 무소식이었다. 퇴근 시간이 지나서야 돌아왔을
때 멀뚱멀뚱 기다린 나를 보며 미안하다면서 얼른 퇴근하라고
했다. 우아한형제들 구성원들이 엄청 열심히 일하고 있다 라는
생각이 들었고 '그 원동력이 무엇일까?'라는 생각과 함께 강력
한 첫인상이 뇌리에 남았다.

배달의민족 앱 업데이트 담당자

입사하자마자 나에게 맡겨진 업무는 배민앱 업데이트에 들
어가는 기능을 기획하는 일이었다. 선임 두분은 모든 부서의
요청사항을 듣고 과제의 범위를 정리해주는 일을 하였다. 그리

고 PM 한분은 사장님이 가입하는 광고상품을 만들고, 사장님 서비스를 관리하는 업무를 담당했고 다른 PM은 배민앱의 주문 결제 지면을 담당하고 있었다. 이 때 선임님이 때마침 배민앱 업데이트를 담당하는 사람이 없다고 하시길래 "그럼 제가 앱할래요!" 라고 얼른 대답했다.

회사를 다닌지 일주일도 채 안되었지만, 각자 맡고 있는 업무에 대해 치열하게 고민하고 있는 동료들을 보고 있노라면 나도 무언가를 맡아서 일을 하고 싶다라는 생각이 절로 들었다. 그날부터 나는 배민앱 업데이트 담당자가 되었고 '나도 동료들처럼 담당 업무를 잘해내고 싶다'라는 생각이 들었다.

사실 우아한형제들에 들어와서 앱 기획이라는 것을 처음해보았다. 입사 전부터 배달의민족 앱을 사용하고 있던 유저였기에 내가 사용하는 서비스를 직접 기획한다는 것 자체가 매우 흥미로운 일이었다. 내가 불편하다고 생각하는 것들도 사용자도 동일하게 불편하다고 느꼈다면 이를 직접 해결할 수 있었다. 또한, 배달의민족 앱이 내부에서 어떻게 돌아가는지 면밀하게 알게 되면서 이 일이 더 흥미롭게 느껴졌다.

이 당시에는 회사는 고객에게 주문을 받으면 직접 고객센터 직원들이 사장님에게 전화로 주문을 걸어서 주문을 중개해 주었다. 만약 월드컵과 같은 큰 행사가 있다면 배달수요가 많아져 PM, 마케터 등 내부 직원들도 주문을 중개를 하러 가야했다. 어느 날, 퇴근을 하려는데 동료들이 갑자기 오늘 예비군이라며 주문 중개를 하러 간다고 부리나케 자리를 떠났다. 이 때 서비스 품질을 보장하기 위해 내부 직원 너나할 것 없이 주문중개 업무를 하러 가는 것이 꽤나 충격적이었다. 이후에 단말기, 사장님 앱을 통해서 주문접수가 가능해지면서 이러한 손수 전화로 주문중개를 하는 일은 줄기 시작했고 나는 아쉽게도 예비군 활동 기회를 해보진 못했다.

최초의 배달의민족 앱은 메인홈 동그라미 버튼에 '치킨, 피자, 중식'이라는 배달의민족 폰트가 크게 박혀있는 디자인이었다. 가게를 선택하면 전단지가 보여졌다. 가게목록 옆에 전화 버튼을 눌러 가게 사장님에게 전화를 할 수 있었다.

입사시기인 2014년에는 전화주문을 앱 내 결제로 유도했

최초 배달의민족 앱 디자인

기 때문에 앱에 필요한 새로운 기능들이 매우 많았다. 전단지를 보는 것이 아니라 메뉴를 선택할 수 있도록 경험을 제공해야 했다. 더불어 회사가 빠른 속도로 성장하고 있었기에 단기간 내에 다양한 기능을 기획할 수 있는 기회들이 많이 있었다.

나는 클라이언트와 서버라는 개념도 구분하기 어려울 정도로 기술 이해도가 낮았다. 초반에는 화면 설계 위주로 기획서를 작성해 디자이너, 개발자에게 보여주면서 피드백을 받았다.

'세지님, 그럼 매장이 없는 지역에서는 어떻게 보여져야 하나요?'

디자이너와 개발자에게 피드백을 받는 과정을 여러 번 거치면서 정리해야 할 내용들을 정확하게 알게 되었다. 때로는 기획서를 쓰기 전에 현재의 구현 방식을 알아내기 위해 개발자의 의견이 필요했는데, 개발자는 무척이나 바빴기에 질문을 메모장에 한 가득 써서 동료 개발자에게 찾아가 이 기능을 만드는 것이 가능한 것이냐고 물어보기도 하였다. 동료 개발자의 피드백을 들으면서 기획에 필요한 개발용어를 알게 되었다. 그리고 기획서에 어떤 내용을 적어야 할지 그리고 PM이 어떤 일들을 해야 하는지 깨우칠 수 있게 되었다.

시간이 지나면서 여러 부서에서 배민앱에 필요한 기능에 대해 요청을 받았다. 앱과 관련한 요구사항이 문전성시를 이루면서 과제를 구글스프레드시트에 적어두었고 업무는 무서운 속도로 늘어났기에 빠른 속도로 개발하여 기능을 업데이트 했다.

입사 초기 규모가 가장 컸던 프로젝트는 배민앱 UI/UX 전체 개편이다. 우아한형제들이 배달의민족 서비스를 오픈한 지 5주년이 되면서 새로운 디자인 아이덴티티를 찾으려고 했다. 키 컬러를 민트색으로 변경하고 전화주문 중심이 아닌 바로 결제 중심으로 UI/UX 전체 개편 프로젝트가 진행되었다.

배민앱에서 발생할 수 있는 모든 사용자 동선을 기획하고 내비게이션 정책을 수립해야 했다. 이 때에는 A/B테스트라는 개념도 흔치 않았고, 사용자 리서치를 할 수 있었던 것도 아니었고, 볼 수 있는 고객 행동 데이터도 없었다. 데이터 기반의 의사결정을 할 수 없었기에 실무자들이 주변 사람들에게 이 동선이 어떤지 물어가면서 의견을 수렴하는 방식으로 일했고, 이 때 대표님이 직접 디자인 시안에 대해서 피드백을 주셨고, 다양한 기획과 시안을 준비해가서 컨펌을 받았다.

대대적인 개편과 많은 요구사항들을 반영하고 배민앱을 업데이트하게되면서 자연스럽게 앱개발, API 등 전시기획에 필요한 지식들이 쌓였다. 요구사항이 들어올 때, "이 정보는 플랫폼, 노출시스템, 앱작업, 데이터 로깅까지 해야하고요. 약 서버 2주, 앱 2주, QA 2주 정도가 필요할 것 같아요"라고 주요 작업 범위와 과거 경험 대비 예상되는 소요시점을 피드백할 수 있는 수준에 이르렀다.

이렇게 3년 정도 정신없이 시간이 흘렀다. 배민은 가파른 성장곡선을 그리면서 더 큰 조직으로 변화했다.

새로운 일들의 시작

우아한형제들에 있은 지 3년 정도가 지나면서 배달의민족은 규모가 커져 더 많은 가게들을 유치하게 되었고 시스템은 점점 비대해지기 시작했다. 이러면서 특정 시스템에서 장애가 발생하면 장애의 여파가 주문시스템까지 번져서 배달 주문이 안 되는 문제가 발생했다.

고객이 배고파서 음식을 주문하려고 배달앱을 실행했는데 먹통이라면? 고객은 화가 나거나 어쩌면 다시는 배달의민족 앱을 이용하지 않을지도 모른다. 사장님 입장에서도 장애 기간 동안에는 주문이 발생하지 않으니 손해를 입을 수 있다. 회사에서는 장애가 다른 시스템으로 전이되지 않도록 큰 덩어리였던 하나의 시스템을 각각 분리하는 작업들을 진행했다. 이 때 회사의 기조에 맞춰서 신규 시스템을 구축하는 프로젝트들 많이 진행되었다. 배민앱 업데이트를 3년 동안 챙기던 나로써 '새로운 일들을 하고 싶다'라는 생각이 들었을 무렵이었다.

나에게 전시시스템에서 회원시스템을 분리하는 프로젝트가 맡겨졌다. 지금까지 내가 기존에 앱 기획하는 것과는 완전히 다른 방식으로 일해야 했다. 주로 회원정보 생성, 수정, 삭제 관리 정책부터 데이터 마이그레이션 정책까지 정리해야 했다. 쉽게 말하면, 사용자가 입력한 아이디가 어떻게 시스템에 저장되고, 배민앱 내정보 수정에서 보여지기까지 종합적으로 이해해야 했다. 초반에는 기획서를 어떻게 써야하는지부터 막막했다. 그 당시 선배 PM분이 전체적인 시스템구조와 데이터 설계를 해주셨지만 지금 돌이켜보면 온전하게 이해하지 못한 채로 화면 단위로 기획했다.

그리고 전화번호와 같은 필수 정보들이 전혀 포함되어 있지 않은 계정이 있을 때와, 동일 인물이 수백개의 계정을 보유했을 때 정보를 정리하는 일도 처음 해보았다. 이러한 계정들은 상담사를 통해 고객에게 직접 전화해서 탈퇴처리를 하는 등의 작업들이 필요했다. 나는 고객센터 담당자분에게 위와 같이 문제가 되는 사례를 설명하는 자리를 마련했고, 케이스별로 어떻게 응대해야 하는지 전달했다. 이번 프로젝트는 시스템 구축부터 회원가입 및 로그인 개선까지 다루었는데 어떻게 고객정보를 가지고 서비스하고 있는지 온전히 이해할 수 있는 계기가 되었다. 돌이켜보면 이 프로젝트 경험이 사용자 경험 개선 이후에 PM으로 업무 범위와 역량을 넓힐 수 있게 된 결정적인 프로젝트가 아니었을까 한다.

앱 업데이트에서 업무범위를 넓히고 싶다는 고민을 잘 알고 있었던 나의 팀장님은 이후 신규시스템 구축하는 프로젝트를 계속 맡겼다. 이 당시 리뷰 데이터도 점점 방대해지고 있는 상황이어서 리뷰시스템을 별도로 구축하는 작업도 진행했다. 이전 3년 간 전시영역에서 넓은 범위로 사용자 동선을 기획했다면, 이 때에는 하나의 도메인을 집중적으로 파고들어 기획을 해야 했다. 이 때 시스템과 어드민 기획들을 많이 했고 이러한 데이터 구조가 전시영역에서 어떻게 노출되는지 오롯이 이해할 수 있는 시간을 가질 수 있었다.

장애를 분산시키기 위해 끊임없이 시스템이 분리되었고, 그에 맞게 조직도 변화했다. 분리된 시스템을 전담하는 팀이 생기기 시작했다. PM들도 이 무렵 빠르게 늘어나면서 각 도메인으로 분산되게 되었다. 함께했던 동료들이 하나 둘씩 다른 팀으로 흩어졌고, 신규 PM들이 계속 들어오게 되었다.

이직할 결심

어느덧 우아한형제들에 7년차에 접어들었다. 배달의민족 앱은 모든 국민들이 사용하는 업계 1위의 경지에 올랐지만, 나는 우아한형제들에서 여러 도메인을 이미 경험했기에, 새로운 도전과 성장이 기회가 적어지고 있다는 생각이 들었다. 앞으로도 우아한형제들에서 내가 더 성장할 수 있을지 고민이 깊어지기 시작했다. 조직이 커져가면서 우리 팀에도 신규 입사자가 계속 들어왔다. 팀에 합류한 신규 입사자는 다양한 산업과 제품을 담당하며 다양한 경험을 했다. 뿐만 아니라 다양한 조직문화를 속에서 성과를 만들어 온 사람들이었다. 비슷한 경력의 신규 입사자의 경험담을 듣고 있노라면, 나는 한 회사에서 하나의 제품만 파온 사람으로써 나의 경험이 매우 한정적이라는 생각이 자연스레 들었다. 나를 한층 더 성장시켜줄 수 있는 모멘텀이 다른 회사에 있다고 생각했다.

이 시점에 회사에서 조직개편을 앞두고 있다며 기획팀을 만들 생각인데 팀 매니저로 일해보지 않겠냐는 팀장님의 제안이 있었다. 앱개발팀, 서버개발팀에 있는 각 PM들을 모아 새로운 기획팀을 만든다고 하였다. 나는 매니저로 성장의 기회를 찾는 것이 좋을지 시장과 제품을 바꾸면서 PM으로의 경험을 넓힐 것인가의 선택을 해야했다. 나는 팀장을 해보기로 했다. 그 이유는 3가지였다.

● 앞으로 PM으로 계속 일한다면 리더십을 발휘할 수 있는 역할을 맡게 될 것이다.
● 그렇다면 내가 잘 알고 있는 조직과 제품 안에서 경험하는 것이 온보딩하는 것이 그나마 가장 적응하기 쉬울 것이다.
● 서로 다른 도메인들이 모여서 전시 업무를 기획하면 실무할 때보다 더 많은 도메인을 두고 다양한 고민을 해볼 수 있을 것이다.

이렇게 나는 배민서비스기획팀 팀장이 되었다.

새싹 팀장 적응기

팀장이 되고 나니 그 동안 여러 도메인을 경험해서 더 이상 배울 것이 없을 것이라는 생각은 착각이었다. 완전히 새롭고 훨씬 어려운 문제들이 나에게 수시로 들이닥쳤다.

내가 어렵다고 느껴졌던 첫 일은 우리 팀이 왜 만들어졌는지 팀원들에게 이해시키는 것이었다. 우리 팀은 PM들로만 이루어진 회사 내 유일무이한 팀이었다. 이전에 목적, 조직에서 이번 개편으로 PM들을 모아 새로운 기획팀을 만들었다. 기획팀이 만들어지고나서 팀원들로부터 들은 첫번째 질문이 '배민 서비스기획팀은 왜 만들어졌나요?'라는 질문이었다. 사실 이전 조직에는 PM과 개발이 같은 팀이었는데, 갑자기 PM들이 개발자들과 떨어지게 된 것이다. 사실 저 질문의 의도를 생각해보자면, 'PM들끼리 묶어서 한 팀이 되었을 때 개발자랑 같은 팀일 때보다 좋은 것이 무엇인가요?'라는 의미였다. 게다가 다른 팀은 그대로 PM과 개발이 한 팀으로 묶여 있는데 우리 팀만 PM들로만 구성되니 팀원 입장에서는 당연히 물어볼 수밖에 없었을 것이다.

이 질문에 대한 대답을 깊게 생각하지 못했다. 우리 팀의 목표는 무엇이고, 성과를 어떻게 내야할까에 대해서만 고민했고 팀이 존재하는 이유를 질문할 것이라고는 생각치도 못했다.

'PM들끼리 모였을 때 아이데이션도 더 잘 할 수 있어요. 그리고 거시적인 관점에서 배민서비스의 방향성과 로드맵을 수립할 수 있어요'라는 답변을 했지만, 그 당시에는 당장 다른 팀이 된 개발자들과 어떻게 일해야 할지 캄캄해진 팀원들에게는 충분한 답변이 되지 못했다. 게다가 코로나로 전면 재택근무하는 상황이어서 안그래도 개발자와 커뮤니케이션하는 것이 힘든 시기였다. 조직개편의 당위성에 대해 설명하는 것은 부족함을 느꼈고 시간을 보내면서 팀원들과 신뢰 관계를 쌓아야겠다는 결론을 내었다. 개발자와 다른 팀이 되어 느끼는 불안 해결하기 위해서 개발 팀장님의 조언을 구해가면서 수시로 커뮤니케이션 할 수 있는 프로세스를 마련했다.

　또 한 가지 어려웠던 점은 업무분장이었다. 여기에서도 내가 배워야하는 점이 무척이나 많았다. 일과 시간에는 계속되는 회의로 팀원분들에게 업무분장하는 타이밍을 놓치는 경우가 일쑤였다. 그래서 업무 관리 툴인 Jira라는 프로그램을 활용했다. Jira에는 업무 단위별로 티켓을 끊어서 진행상황을 관리할 수 있다. 나는 티켓에 업무를 기재해두고 담당자를 할당했다. 그리고 티켓에는 목적, 해야할 일, 마감 기한을 나름대로 정리해서 간단명료하게 기재해 두었다. 그런데 그 다음날, '이 과제는 갑자기 왜 나오게 된건가요? 과제의 배경에 대해서 더 설명이 필요해요'라는 피드백을 받았다. 바로 1:1 미팅을 해서 과제를 설명했다. 그래도 뭔가 명쾌하게 해소되지 않은 표정을 지어보이면서, 팀원들은 기운이 빠진 목소리로 일단 알겠다고 하면서 회의가 마무리가 되었다.

　돌이켜서 생각해보면, 이 과정 속에서 큰 문제가 있었다.

● PM들은 내가 프로젝트의 주인이기 때문에 처음부터 끝까지 프로젝트의 모든 것들을 알고 싶다는 것. 특히, 과제를 맡는

시점에는 그 배경이 너무나 궁금한데, 3~5줄의 문장가지고는 배경을 온전히 이해하기 어렵다는 것

● 그럼 내가 가진 과제와 신규 과제에서 뭐부터 어떻게 해야할지는 해당 티켓에 써있지 않다는 것. 팀원이 현재의 상황에 대해서 피드백할 여지가 없었다는 것

내가 착각했던 건 배경과 목표를 명확하고 간단 명료하게 전달한다면 그것이 가장 효과적인 커뮤니케이션 방식이라고 생각한 것이다. 하지만, 간결한 문장 몇 줄 때문에 과제를 이해할 수 있는 맥락이 생략된다. PM들은 몇 달 동안 진행될 프로젝트에 내 시간과 노력을 투입하고 심지어 다른 사람을 설득해야 하기 때문에 더 자세한 배경을 알기를 원하는 것은 당연하다.

나는 이 문제를 해결하기 위해서 우선 티켓으로 업무분장을 하는 방식을 없애고, 직접 대화하는 방식으로 업무 분장했다. 최대한 과제가 나온 배경들을 소개했고 관련 자료 등을 모아서 설명하려고 노력했다. 하지만, 내가 모르는 것에 대해서도 질문이 많았다.

'이 과제는 상위 조직장분들의 우선순위는 무엇인가요?'

'이 성과를 달성하려면 제가 생각했던 더 효과적인 안이 있는데, 이 방향으로 정리를 해봐도 될까요?'

'이 과제는 저 혼자서는 어렵고 A팀, B팀이랑 협업해야

하는데 그 과제에 대해서 유관부서도 해야하는 걸 알고계시나
요?'

'전 그럼 다른 업무 잠시 내려놓고 이것부터 먼저 하면 되
나요?'

이런 질문들을 들으면서 업무 분장할 때 어떤 정보들이 필
요한지 점점 파악할 수 있게 되었다. 그리고 PM마다 어떤 정보
가 필요한지 각각 다르다는 것을 깨달았다. 어떤 분은 사업적
인 목표와 방향이 어떠한 지가 궁금했던 분도 있었고, 어떤 분
은 상위조직장의 의견이 어떤지 항상 궁금해하시는 분들도 있
었다. 시간이 지나면서 서로 업무하는 스타일도 이해하게되면
서 업무 분장이 훨씬 수월해졌다.

팀장 업무를 약 1년 넘게 하게되면서 이직 그 이상으로 많
은 것을 배웠다. 팀을 빌딩하는 과정, 팀 동료와 신뢰를 쌓아가
는 과정, 유관부서와 협업 체계를 구축하는 법, 우선순위를 판
단하는 방법 등 나에게는 매 순간 새로운 과제였고 새싹 팀장인
나는 하나씩 새로운 일들에 적응하기 시작했다.

휴식을 모르면 위험해

휴식에 대한 중요성은 말하지 않아도 누구나 다 알고 있다.
하지만, 크고 작은 결심이 필요한 일이라 쉽게 실행에 옮기지
못하는 것 같다. 내 주변에서도 하루 이틀 연차를 내더라도 나

와 같이 일하는 사람들에게 피해를 주지 않기 위해 메신저를 계속 붙들고 있는 모습을 자주 보았다.

우아한형제들에 8년동안 재직하면서 크고 작은 몇 차례의 번아웃이 왔다. 나는 지난 8년 간 편하게 팀장님과 나의 상태에 대해서 이야기를 나눌 수 있었고, 그 때마다 팀장님은 리프레시를 할 수 있도록 배려해주었다.

되돌아보니 번아웃이라고 느끼는 신호가 분명히 있었다. 번아웃의 초기 시그널은 '일하기 싫다'라는 생각이 일주일 이상 지속되는 것이다. 내 경우에는 업무를 하는 동안에는 거기에 집중하면 '일하기 싫다'라는 생각이 별로 들지는 않은 편이었다. 하지만, 일과 중에도 그런 생각이 문득문득 치고 올라오고 그 현상이 일주일이 넘어가게 되면서 왜 그런지 곰곰이 생각해보게 되었다.

- 육체적인 휴식이 절대적으로 부족했는가?
- 외부에 에너지를 너무 많이 쏟지 않았는가? 혼자 있는 시간이 절대적으로 부족하지는 않았는가?
- 지금 하고 있는 일이 나에게 큰 의미가 없다고 생각하는 것은 아닐까?

보통 저 3가지가 동시 다발적으로 일어나는 경우가 많았다. 이럴 땐 최소 3일 정도의 휴가를 내서 절대적으로 혼자있는 시간을 보냈다. 육체적으로 충분히 쉬게 해주고, 그 사이에 내 안의 에너지도 채운다. 휴식을 가지면 그래도 다음 일들을 이겨낼 수 있는 힘을 충분히 채울 수 있었다.

하지만, 3일의 휴식으로도 절대 회복될 수 없는 경우도 있었다. 나는 팀장이 된 지 1년이 조금 지난 무렵 번아웃이 왔다. 팀이 생긴지 1년 만에 대형 프로젝트를 소화해야하는 상황이었고, 매니저로도 미숙한데 큰 프로젝트를 진행해야 해서 심리적으로 부담감이 컸던 듯하다.

이 프로젝트가 딱 오픈되고 나니 쉬고 싶다는 생각이 간절했다. 고작 팀을 맡은 지 1년 반만에 쉬고 싶다라는 생각을 하다니 나도 내가 이해가 잘 되지 않았다.

'팀장을 3년, 5년씩 하시는 분들도 계시는데 고작 1년반하고 쉬겠다고 하는 게 말이 되나? 이런 일들을 감당하지 못하고 계속 쉰다면, 앞으로 정말 더 어렵고 힘든 일을 해내야 할 때 또 이렇게 쉴건가?'

역시 쉬는 것은 말이 안된다라는 결론이었다. 게다가 일을 쉬면 내일을 누군가는 받아서 처리해야 했고 타인까지 피해를 끼치는 일이었다. 몇 달 동안 쉽사리 결정을 내리지 못하고 있었다.

그럼에도 불구하고, 결정적으로 내가 휴직을 낼 수 있었던 이유는 다음과 같았다.

● 나는 PM이라는 직무가 잘 맞는 편이라고 생각하는데 이렇게 하다가는 PM으로써 오래 일할 수 없다라는 생각이 들었다.
● 주변에서 쉬기를 강력하게 이야기했다. 수면 상담을 해주던 의사와 심리상담하는 친구의 이야기가 결정적이었다.

때마침 운 좋게도 나의 역할을 대신할 수 있는 분이 있었다. 나의 상사와 주변동료의 배려 덕에 3개월까지 휴직계를 낼 수 있었다.

사실 휴직한다고 해서 딱히 여행을 가고 싶다거나 계획이 있었던 것은 아니었다. 하고싶었던 일이 있었던 것도 아니었고, 무언가를 새로 해보겠다라는 생각도 못했다. 이 때 무언가를 해야겠다는 의지도 없었고 일단 쉬어야겠다라는 생각이 들었다.

그런데 슬슬 엔데믹 이야기가 나오던 상황이라 조금씩 하늘길이 열리고 있었던 때였다. 게다가 마침 유럽에서 크리스마스를 보낼 수 있는 시점이라 미국을 시작으로 유럽까지 여행을 다녀오게 되었다. 여행을 하면서 지난한 일상에서의 격리와 내가 좋아하는 일들에 몰입하게 되면서 스스로 에너지가 채워진다는 것을 바로 느낄 수 있었다.

업무에 복귀하고 난 후 어느 날, 김경일 교수님이 우리회사에서 강의를 해서 참석한 적이 있다. '균형 잡힌 삶이 역량이 되는 시대'라는 주제로 사장님을 대상으로 하는 강의였다. 앞으로 우리는 노동을 80~90살까지 하게 될 텐데, 그 나이까지 우리가 일할 수 있는 동력을 갖추는 것이 중요하다는 이야기를 하셨다. 그럼 그 동력은 어떻게 공급할 수 있을까? 우리는 무언가를 '성장함'을 느끼고 있다면 재미를 느끼고 거기에서 에너지를 확보할 수 있다고 했다. 연차가 늘어날수록 업무에서의 성장, 성취곡선은 둔화되면서 업무에 흥미를 잃게 될거라 업무가 아닌 취미에서 성장과 성취를 느끼라고 하였다. 그래서 내가 배우면서 빨리빨리 늘 수 있는 무언가를 찾게 된다면, 그게 곧 업무를 하게 되는 긍정적인 영향이 될 것이라는 것이 결론이었다.

사실 휴직을 통해서 느꼈던 바와 강의를 통해서 깨달은 점이 비슷하다. 일을 지속하려면, 나의 전부가 일이여서는 안되고 나를 일에서 분리해 삶을 만족시켜줄 수 있는 장치가 필요하다는 것이었다. 만족이라는 감정은 재미를 느끼는 것일수도 있고, 김경일 교수님이 말씀하신 것처럼 업무 외 분야에서의 성장일수도 있다. 나는 복직하고 나서 업무 외에 새로운 것들을 배우고 있다. 언어공부도 하고 있고 새로운 운동도 시작했다.

이렇게 새로운 것들을 배우니 일상도 매우 다채로워졌고 스스로 환기가 잘 되어서 오히려 업무할 때는 집중이 잘 되었다.

어느 덧 복귀한지 1년이 지났다. 이번이 휴직한 것은 내가 앞으로 쭉 일할 수 있는 평생의 원동력이 될 것이라고 확신한다. 앞으로도 나는 내 브레이크가 잘 동작하는지 수시로 눌러볼 예정이다.

앞으로 이직 계획은?

2022년 하반기에 우아한PM인턴 2기 프로그램이 진행되었다. 프로그램 중에 인턴들과 현업에 계시는 각 팀장님들이 모여 Q&A 시간을 가진 적이 있다. 이 때 한 인턴분이 질문을 했다.

"대학생 때는 산업 · 회사 · 직무를 특정 지어 커리어 계획을 세웠는데, 취업을 하고 난다면 그 이후는 무엇을 목표로 움직이면 될까? 하는 궁금증이 듭니다. 현직자 분들께서는 이후의 커리어 목표를 어떻게 설정하시나요?"

그 때 문득 유재석이 유퀴즈에 나와서 한 이야기가 생각났다. 수능 만점자가 나와서 유재석에게 목적 달성 후 그 다음 목표를 어떻게 달성했고, 그 원동력은 무엇인지를 물어보았다. 그 때의 유재석의 답변은 "저는 목표가 없어요. 저는 어디까지

가야한다는 스트레스가 있어요. 그런 스트레스를 싫어해요. 개인적인 목표는 계획을 세우지 않습니다. 그 대신에 맡은 일이 있다면 최선을 다해서 합니다"라고 말했는데, 나의 생각과 일치해서 위의 말과 똑같이 답변을 드린 기억이 난다.

사람들이 종종 앞으로의 커리어의 목표와 이직 계획에 대해서 묻곤한다. 그럴 때마다 "앞으로 나에게는 어떤 일이 펼쳐질 지 모르겠지만 지금으로써는 매니저로 충분히 그 역할을 다해내는데 집중하고 싶어요"라고 답변했다. 이게 현재로써 가장 솔직한 마음이다.

아직도 나에게 어려운 일들과 PM으로 경험해보지 못한 일들이 많다. 다양한 경험들이 주어지면 그것들을 충실히 해내면서 배움을 느끼고 스스로도 단단해지고 싶다.

5

로봇 배달원
딜리의 출퇴근길

_조유리 (로봇 PM, 배민의 홈 PM)

10대 때부터 매년 새로운 것을 만들며 살아왔습니다. 개발, 경영학, 경제학, 사회복지학을 공부했고, PM으로 모바일 앱, 웹, 하드웨어 제품을 직접 기획하고 만들어 매일 3명이 쓰는 서비스부터 2억 명이 쓰는 서비스까지 두루 만들어 보았습니다. 만년필로 책 필사하기, 필름 카메라로 사진찍기를 좋아하는데… 묘하게도, 시원하게 새로운 것과 나긋하게 느린 것들을 세트로 좋아하는 사람입니다.

그것을 만드는 팀에는 누가?

저는 창작자 분들과 이야기를 나누는 것을 참 좋아합니다. 연출가, 소설가, 유튜버, 그림 혹은 음악을 만드는 분들과 이야기를 나누면 참 즐거워요.

처음 영감을 받은 순간부터, 만들어가는 과정속에서 있었던 에피소드, 그 작업을 이어가는 중에 있었던 개인적인 생각의 단상들과 관계 속에서 일어난 일들, 완성된 작업을 세상에 내놓고 든 생각, 사람들의 반응을 통해 느낀점들, 간접적으로 대중과 교류해 나가는 일들에 대해 이야기를 듣다보면 시간 가는 줄 모르게 됩니다.

이직 기간에 제주도에서 긴 여행을 했습니다. 여행 중에 나무로 된 보트 (우든 보트)를 만드는 청년 넷이 꾸민 게스트 하우스에 머물게 되었습니다.

그들의 관심사에 맞게 공간 안에는 손수 만든 목재 가구들이 가득했고, 샤워실은 나무로 된 선실처럼 꾸며 두었어요. 그곳은 무언가를 만들고 싶어하는 창작자 분들을 끌어당기는 마력이 있는 장소인 것 같았습니다. 처음엔 2일만 머물러야겠다는 생각으로 숙박비를 지불 했는데, 그게 하루 이틀씩 길어져 열흘이 넘는 시간동안 머무르게 되었고, 그 곳에 마련된 큰 나무 테이블에서 다양한 사람들과 이야기를 나누며 술잔을 기울이는 긴 저녁 시간을 보내게 되었습니다.

그 곳에 찾아오는 사람들 중에는 창작자 분들이 많았습니다. 지금은 영국에 가 있는 한 친구가 직접 만든 노래의 가녹음 본과 스트리밍 앱에 올라온 완성된 음원을 함께 들려주며, 노래를 만들 때 있었던 일들을 조곤 조곤 이야기해주던 밤. 나무 냄새 가득하던 거실과 그곳을 가득 채우던 음악소리가 오래도록 아름답고 선명하게 남아 있습니다.

그 경험은 그저 '신기하다' '새롭다'에서 그치는 이질적이고 낯선 느낌만이 전부가 아니었습니다. 만들게 되는 그것이 예술이던, 제품이던 무언가를 창작하면서 공통적으로 갖게 되는 희노애락의 결이 이어지는 느낌이 들더라고요. 제 안에도 뭔가를 창작하고 싶은 욕구가 내면 깊이 도사리고 있다는 것을 깨달았습니다.

무언가를 만들어 세상에 내 보낼때 느끼는 희열감이 있는데요. 저는 그것이 제 삶을 살아가는 가장 큰 원동력인 것 같습니다. 이것을 지속적으로 추구하는 사람들이 세상에 참 많이 존재하고, 또 그들은 각자 삶의 방식을 통해 다양한 형식으로 무언가를 만들어 내며 이 감각을 유지하는 것 같습니다.

저는 그래서 종종 아주 좋은 작품 혹은 제품을 만났을 때, '이것을 만든 사람들은 어떤 사람일까?'를 떠올려 보게 됩니다.

방송국에서 일하는 10년차 작가 언니는, 자신이 어떤 작품을 어떤 사람들과 함께 했고, 여러 작품을 같은 사람들과 이어가며 그 팀이 자신에게 어떤 영향을 주었는지를 한참 이야기했습니다. 작곡/작사를 직접한 노래 불러준 친구도 녹음할 때 감독님과 이야기하면서 이 노래가 어떻게 다듬어졌는지, 어떤 대화들을 통해 자신이 생각한 것이 더 구체화 되었는지를 하나 하나를 짚어가며 이야기해주었습니다.

대화를 해나가다보니 생각보다 다양한 분야에서, 무언가를 만든 장면들 속에는 창작자 한 사람 뿐 아니라, 함께 한 팀이 있다는 생각이 들었습니다.

마침, 제가 살아가고 있는 방식은 IT 인더스트리 씬에서 모바일 앱을 기반으로 한 새로운 서비스를 만드는 것입니다. 이것이야 말로 참 혼자서 다 해내기 쉽지 않은 영역입니다. 저는 PM으로 개발자, 디자이너, QA, 데이터 분석가, 사업, 마케팅, 운영 담당자분들과 함께 팀을 이뤄 일하게 됩니다.

마침, 이직의 시기였기 때문에 저는 생각 했습니다. '앞으로는 어떤 팀에서 일을 하게 될까? 그 팀에는 어떤 사람들이 있

을까? 그 안에서 어떤 에피소드들이 생길까.'

　　나의 일상 속으로 밀려 들어와, 생각을 가득 채우게 될, 새
로 맡게 될 서비스에 대한 기대 만큼이나 만나게 될 사람들에
대한 기대가 커져갔던 밤이었습니다.

로봇 배달원 딜리의 출퇴근길

완전히 새로운 시장을 만든다는 건 어떤 일일까요?

저는 2020년에 우아한형제들에 합류해 음식을 로봇이 배달해주는 서비스를 만들었습니다. 주문하면 20분 안에 집 앞으로 로봇이 도착합니다. 어느새 40층이 넘는 고층 아파트 문 앞에서도 로봇이 배달해주는 식사를, 간식을, 커피와 아이스크림을 받아볼 수 있는 세상이 되었습니다.

로봇의 이름은 '딜리'입니다. 딜리셔스(Delicious)와 딜리버리(Delivery)의 앞자를 딴 이름인데, 부르기가 좋아서 아이들도 '딜리야~'라고 잘 불러줍니다. 놀라셨나요? 수도권 내의 한 아파트 단지에서 오늘도 배달 중입니다.

로봇은 여름엔 시원한 그늘 아래서, 겨울엔 내리는 눈을 막아 줄 안전한 길 모퉁이에서 항상 대기하고 있어요. 주문을 받으면, 음식을 받으러 가게 앞으로 갑니다. 사장님께서 가게 문 앞에 도착한 딜리에게 음식을 넣어주시면, 길가의 사람들을 피해, 횡단 보도를 건너, 아파트 진입로를 지나, 엘리베이터를 타고 고객님 집 앞까지 갑니다.

딜리에게는 든든한 매니저들이 있는데요. 저도 그 중에 한

명이었습니다. PM으로서 개발자, 디자이너, QA분들과 함께 로봇 배달 서비스를 만들고, 개선하고, 확장하는 일을 맡았습니다.

딜리가 처음 엘리베이터에 탑승하던 날은 무더운 여름이었는데, 그 날은 모든 멤버 분들이 즐겁게 긴장한 상태였습니다. 실제 고객님의 첫 주문이 들어왔고, 설레는 마음에 딜리가 원격으로 호출해 불러준 엘리베이터에 3명이나 함께 탔습니다. 주문 고객님께는 딜리가 스스로 배달하는 모습을 보여드리고 싶었기 때문에, 멤버들은 숨을 죽이고 엘리베이터 안에, 실내 기둥 옆에 몸을 숨기고 숨을 죽였습니다.

현재 딜리는 한 아파트 단지에서 2년 넘게 하루도 빠지지 않고 배달을 하고 있는데요. 곧 서울 곳곳에서 배달을 시작하게 됩니다. 이 글이 쓰여지고 있는 시점의 '현재'이니, 여러분이 이 글을 읽는 시점에는 어쩌면 당신의 집 문 앞에 딜리가 배달을 오고 있을지도 모르겠습니다.

딜리를 처음 만나는 고객님들께서는 그 모습이 신기하고 귀여워 사진과 동영상을 자주 찍으십니다. 로봇이 잘 오는지 궁금해서, 아이들의 손을 잡고 로봇을 마중하려고 1층 아파트 문 밖으로 구경을 나오기도 하세요. 로봇이 원격으로 호출해준 엘리베이터를 함께 타고, 집 앞까지 올라가시고는 합니다. 로봇을 마중 나가서 같이 집으로 가는 모습이라니, 눈으로 보면서도 참 믿기지 않고 신기한 장면들입니다.

어떤 날은 딜리가 배달하고 돌아오는데 반창고를 붙인 것처럼 머리위로 뭔가 노르스름한 테이프가 붙여져 있더라구요. 그건 바로 고객님이 딜리에게 주신 팁! 이었습니다.

뽀또 과자 봉지를 딜리 머리위에 종이 테이프로 붙여 주셨더라구요. 배달해주시는 라이더분들에게 따뜻한 마음을 나눠주시던 고객님들께서 같은 마음으로 더운날 고생하는 딜리를 위해 간식을 챙겨주신 것입니다. 딜리가 처음 받아온 팁이라며 개발하시는 분들 모두 얼마나 재미있어했는지 몰라요.

삶 속에 자연스럽게 녹아드는 딜리의 모습을 보면서 저희도 뿌듯함을 한 아름 안고 퇴근길에 올랐습니다.

"로봇 배달 서비스 기획은 뭐가 달라요?"

앱 서비스 기획을 하는 것과 로봇 서비스 기획을 하는 건 어떻게 다를까요?

가볍게 한가지 다른 점을 공유 드려본다면 다루게 되는 공간의 크기가 달라집니다. 모바일 앱 서비스를 다룰 때에는 손안의 화면속에서 사용자의 움직임을 추적했습니다.

로봇 서비스를 기획할 때에는 고민의 범위가 수 킬로미터의 반경으로 확장되었습니다. 로봇이 대기할 공간, 가게 앞까지 가는 길, 고객님께 가는 모든 길이 설계하고 분석해야 할 공간이 됩니다.

배달 로봇이 달리기 위해서는 그 안에 로봇의 눈이 되어 줄 센서와 카메라, 상황을 판단하고 외부와 통신할 장비들, 움직임을 위한 모터와 바퀴 등 구동부, 음식을 담고 꺼낼 공간 등 다양한 물리적 장치들이 필요합니다.

이러한 장치들의 종류와 배치에 따라서 로봇의 물리적인 크기와 성능이 결정되는데요. 하드웨어 담당자분들과 로봇을 더 작고, 무게 중심이 안정적이면서도 필요한 기계 장치들이 모두 들어갈 수 있도록 설계하고, 자율주행 개발자분들과 로봇이 어떤 길을 가게 되고, 어떤 장애물을 피해야 할지에 맞추어 로봇의 센서와 카메라의 위치, 성능을 고민합니다.

앱을 기획하는 경우에는 아무래도 주로 화상회의로 또는 사무실에서 일을 했는데요. 로봇기획과 같이 하드웨어가 함께 있는 서비스를 기획하다보니 실제로 딜리가 있는 곳에 있어야 할 경우도 있고, 예상대로 잘 개발되었는지 직접 발로 따라다니며 확인해야할 일도 많았습니다.

그만큼 물리적으로 신경써야 할 일이 많고 피곤할 수도 있겠지만, 반대로 말하면 다른 기획자들이 느끼지 못하는 현장감의 매력을 느낄 수 있는 경험이었습니다.

오늘도 성장하고 계신가요?

집에 오는 길에 단지 앞 꽃가게에서 작약 한 송이를 샀습니다.

고단한 날이었어서, 꽃가게에 들렀는데 빨갛고 크고 둥근 알이 왠지 모르게 마음에 쏙 들었어요. 가늘은 화병에 바로 꽂을 생각으로 점원분께 포장없이 종이에 둘둘 말아 주시면 된다고 말씀드렸습니다. 가끔씩 꽃을 안고 퇴근하면 돌아가는 길이 근사해지는 것 같더라고요.

꽃을 꽂아두고 하루 하루 물을 갈아주었습니다.

존재감이 큰 아이라 매일 밤 잠깐이라도 감상하는 시간을 가졌는데, 그 날들은 딱 7일. 일주일 갔어요.

꽃 알이 점점 벌어지더니, 우수수 비처럼 꽃잎이 떨어지며 작별을 고했습니다.

저는 혼자 살고 있고, 반려 동식물이 없기 때문에 집 안에 살아 있는 것은 저와 꽃 뿐이었어요. 매일 달라지는 꽃을 바라보며 시간의 흐름을 짙게 감각할 수 있었습니다. 꽃이 지는 모습을 시각적으로 바라보고 있자니 마음속에서 묘한 감정이 일어났어요. 붙잡을 수 없어 애틋하고, 그래서 더 아름다운 느낌이랄까요.

사진을 보여줬더니 친한 동료분이 "작약은 소설처럼 지는 꽃인 것 같아. 참 화려하다"라고 하시더라고요. 내 정서를 표현해준 참 공감이 가는 말이라 마음속에 담아두었습니다.

도시의 편리함 속에서 지내고 컴퓨터 앞에 앉아 일을 하다 보면, 정말로 시간이 '흐른다'는 것을 감각하지 못하기도 하는 것 같아요. 계절이 변할 때나 연말을 보낼 땐 시간의 흐름이 확 와닿는데요. 이렇게 꽃을 보았던 날들처럼 매일 다르게, 시간이 하루씩 지나가고 있다는 것을 알아차리지는 못하는 기분이랄까요.

내가 일하는 회사, 조직에 대해서도 이런 생각을 했어요.
'회사'라는 단어를 떠올리면, 왠지 은회색의 높은 빌딩이 떠올라요. 무색 무취, 단단하고, 조금은 차가운 느낌이에요. 하지만 그 안을 자세히 들여다보면 어떨까요. 한 발만 떨어져서 봐도 눈에 선연하게 보여요. 지난달과 이번달의 서비스는 달라요. 뿐만 아니라 이 서비스를 사용하는 사람들도 달라져요. 옆

회사에선 새로운 경험을 선보이고, 이것들을 감싸고 있는 사회 경제적 환경들이 끊임없이 변화하고, 법적인 규칙과 제한들도 바뀌어요.

우리의 서비스는 나와 동료분들의 에너지와 시간을 먹고 커가며, 이 수많은 변화에 대응합니다. 빠르게 변하는 마켓에서 경계를 넓혀가며 성장하는 서비스를 다루고 있는 PM이라면 알아차리고 반응해야 할 변화는 더욱더 전방위적이에요.

'성장한다.' 라는 말은 들으면 어떤 기분이 드시나요.

새로움이 밀려 들어오는 것을 상상하면 마음이 두근대고 설레이는 분도 많으실 것이라고 생각해요. 반면, 이 말은 당연하게도 이런 단어들을 함께 가져와요. '변화한다, 달라진다, 바뀐다.'

PM으로서는 매번 풀어야 하는 문제가 달라지고, 필요한 스킬셋도 달라져요. 이렇게 이야기를 듣고 있으니 왠지 모르게 불안하고 벌써부터 피곤한 분들도 계시겠죠? 맞아요. 조금 긴 시간의 궤적을 그리며 이 일을 한지 수년이 지났을 때 문득 깨달았습니다. 제가 편히 발 뻗고 쉴 수 없는 그 변화의 한 가운데로 참 당차게도 쏙 들어와 있더라구요.

긴장하고 주시하고 있을 때에도, 또 깨닫지 못한 때에도 오늘 다뤄야 할 일들이 끊임없이 바뀌어 있습니다. 이건 마치 매번 달라지는 맵을 달리는 기분이 들어요. 익숙할 법하면 레벨업된 새로운 맵으로 이동해 있는거죠.

개발자 분들의 개발 환경은 최근 5년, 10년내 확 바뀌었습니다. 그 분들과 개발 요건을 협의하고 조정하는 PM의 역할도 바뀔 수 밖에 없는 것 같아요

PM을 한다는 것은 매년, 어쩌면 매달 바뀌어 가는 새로운 기술·시장·삶의 변화에 맞추어 끊임없이 서비스가 제공될 환경을 분석하고, 서비스와 함께 성장해가는 일인 것 같습니다. 한편으로는 그 점이 매력으로 다가오기도 해요.

이미 저희와 같은 업계에 몸을 담그고 계신 분이 이 글을 읽고 계시다면 동료애를 가지고 무한한 응원을 보내드려요. 우리 오래 오래 즐겁게 성장하면서 같이 일해봅시다! 만약 이 업계 PM으로 첫 발을 내 딛을 준비를 하시는 분 또는 커리어 시프트를 꾀하는 분이 계신다면… 같은 것을 반복하지 않는 삶, 변화를 끊임없이 받아들이며 그 파도 위를 타고 오르는 삶을 즐기실 수 있을지 한번 여쭙고 싶습니다.

대답이 "Yes!"이시라면, 우리 같이 해보아요. 환하게 웃으며 환영입니다.

종이를 만져보며 든 생각

0과 1의 세계에서 빠져나오는 순간

오랜만에 '화일'을 꺼냈습니다. 크기는 A4 용지 보다 조금 큰 사이즈에요. 겉 면은 반투명의 플라스틱으로 되어 있고요. 안 쪽은 종이를 끼워 넣을 수 있는 얇은 비닐 판이 책장처럼 겹쳐 있습니다. 총 40장이나 들어가는 두꺼운 파일이에요. 평소에 노트북과 아이패드, 폰으로 모든 자료들을 정리하고 아카이빙하기 때문에, 이 물건은 근 10년만에 만져보았습니다. 이것을 '파일'이라고 부를 수도 있지만, '화일' 이라고 발음해 봅니다. 지금 우리는 너무 다른 의미로 File(파일) 이라는 단어를 사용하고 있어서, 어린 시절 할머니가 발음하시던 옛날식 영어 발음으로 불러보고 싶네요.

오랜만에 이런 물건을 만져보고 있자니 느낌이 묘해졌어요. 지금은 어떤 주제로 자료를 모으려고 하면 다운로드 받지 않고 간단히 클립해 두기도 하고, 정말 열정이 많다면 폴더 하나를 만들어 자료를 다운 받아 저장해 모아두기도 하는데요. 최근에는 이 마저도 이미지 분석을 통해 모든 것들을 자동으로 해주는 분류해서 저장해주는 서비스들이 많아서 아카이빙하고 카테고리 분류(Categorization)하는 모든 게 참 간편하고 빠르죠.

예전의 종이 자료들은 주제에 따라, 순서에 따라 종이를 뺏다 꼈다 하며 정리하고, 손수 제목도 적어 두고 했었다는 게 참 어색하고 또 귀엽게 느껴지더라고요. 생각 해보면, 종이를 뺏다 꼈다 하다가 손가락을 얇게 베기도 하고, 한 장 깜빡 빼놓고 끼웠다가 중간부터 전부 꺼내서 다시 끼운 적도 있는 것 같아요. 파일을 넣어둔 서랍이 가득 차기도 하고요. 그런 아날로그 시대부터 지금과 같이 손에 든 휴대폰이나 노트북으로는 로그인만 하고, 모든 걸 다 스트리밍하는 시대까지 단숨에 살아가고 있다는게 참 신기하네요.

이번에 화일을 사게 된 이유는 모을 자료들이 생겼기 때문이에요. 저는 매주 토요일 오후 5시에 집 앞의 한 카페에 꾸준히 가고 있습니다. 커피를 마시기 위해서도 있지만, 꼭 시간을 맞춰가는 이유는 이 시간마다 그림 수업이 열리기 때문인데요. 처음에는 가까운 곳에서 1+1로 커피와 함께 그림을 알려 준다고 하여 들리게 되었는데, 어쩌다 보니 단 한주도 빠지지 않고 벌써 15주간 가게 되었어요. 호기심에 방문했는데 어느새 기다려지는 시간이 되었고, 커피와 함께 받아온 명화가 인쇄된 종이가 소중하게 여겨져서, 책 사이에 잘 끼워 두었다가 마침내 제대로 모으기로 마음을 먹었습니다.

주중에 저는 각종 기계들 사이에 앉아서 일하고 있어요. 맥북, 아이패드, 아이폰, 터치 패드를 조작하고, 에어팟으로 음악을 듣고, 애플워치로 알림을 확인합니다. 대학생 때 우연히 아이폰을 샀던 순간은 정확히 기억이 나는데 그 후에 이렇게 사과밭이 된 책상으로 오는 것은 눈 깜짝할 사이더라고요. 호환성 때문에 내가 물건을 산건지 이 물건들이 제 공간을 점령한것인지가 불분명하여 조금 억울하기도 하지만, 덕분에 편안하고 빠르고 밀도있게 일을 처리할수 있어서 참 편리합니다.

하지만 주말에는 스마트 워치를 차지 않아요. 주말 만큼은 일하지 않기, 메일과 메신저 알림을 실시간으로 확인하려 하지 않기를 꼭 지키고 있습니다. 벌써 9년째 쉼 없이 일을 하고 있지만 주말에 출근한 날은 손에 꼽아요. 어떤 시기엔 한 달 동안 야근을 단 하루도 빠지지 않고 한 적도 있었는데요. 그 때에도 주말만은 온전히 여유로운 시간으로 꼭 지켰던 것 같아요. 최근엔 그림 수업이 생긴 덕분에 더 천천히 시간을 보내게 되었습니다. 토요일엔 여유롭게 점심을 먹고, 책을 보거나 밀린 집안일을 하기도 하고요. 약속을 가게 되더라도 늦지 않게 꼭 집으로 돌아와 해질녘에는 그림을 보러 까페로 향했습니다.

그림 수업에서 다루는 그림들을 통해 지난 시대의 역사와

레오나르도 로레단의 초상
_ 조반니 벨리니 1501년 작(영국 런던. 내셔널 갤러리)

사회상, 개인의 이야기들을 엿볼수 있어요. 지금의 우리가 영
화, 드라마, 유튜브를 통해 현재를 살아가는 사람들이 무엇을
원하고, 알고 싶어하고, 열광적으로 반응하는지 알수 있는 것
처럼 그 시절의 대중향 창작물인 그림이 들려주는 집약된 이야
기가 참 재미있더라고요.

　이탈리아의 화가 조반니 벨리니가 1501년에 그린 〈레오나
르도 로레단의 초상화〉입니다. 한 남자의 모습이 단출하게 그
려진 한 장의 그림인데요. 이 그림이 주중의 저와 주말의 저를
묘하게 이어주더라구요.

　그림 속 로레단은 베네치아 공화국의 총독 혹은 도제라고
부를 수 있는 정치적 수장이었습니다. 그런데 이 그림은 굉장
히 담백하게 그려진 그림이에요. 초상화 속의 로레단은 모자의

끈이 풀려 있고, 배경에도 전시할 물건이 한 가지도 그려져 있지 않으며 아주 편안한 표정을 짓고 있습니다. 이 사람은 대중 앞에 보여질 과시적인 모습이 아니라, 일을 마치고 쉬고 있는 인간적인 모습을 초상화로 남겼어요.

주중의 저와는 달리 주말의 저는 그림의 로레단처럼 쉬려고 합니다. 복잡한 업무에서 벗어나 커피 한잔, 그림 한 장을 즐기고, 디지털 스크린이 아닌 아날로그한 어느 것을 손으로 만지며 밸런스를 맞추고 재충전을 하면 다음주 월요일 즐거운 마음으로 출근을 하고, 성장을 할 수 있는 것 같습니다.

6 면접관 2주 속성반

_ 조혜인 (인턴에서 인턴멘토로 성장한 PM)

사람과 술과 이야기를 좋아합니다. 스타트업 인턴으로 커리어를 시작해 중견기업을 거쳐 IT대기업의 PM이 되기까지, 누구나 부러워할 만한 커리어를 쌓았지만 어디까지나 회사에서의 이야기이고, 집으로 들어서는 순간 세 아이의 염마로서 프로 잔소리꾼이 됩니다. 인내심과 체력을 기르기 위해 책과 운동을 가까이 하며 살고 있습니다.

커피와 샐러드와 간식

혹시 1990년대를 강타했던 이 CM송을 기억하는가?

'자기의 일은~ 스스로하자.
우리는 척척척 스스로 어린이~'

모 교육회사의 CM송은 당시 큰 센세이션을 일으키며 TV
채널에서 끊임없이 흘러나왔고, 90년대의 유행가와 유행어를
스폰지처럼 빨아들이고 있던 한 유아의 정서에 크나큰 영향을
주었다. 씻고 밥먹기와 같은 기본적인 생활 습관은 물론, 등교
준비와 학교 숙제까지. 스스로 하면 멋진 어린이! 스스로 못 하
면 패배자. 나는 무엇이든 척척 스스로 해낼 수 있는 멋진 어린
이야!

거기에 선생님의 자잘한 칭찬이 더해지고, 결정적으로 고
등학교 3년간 울산의 기숙학교에서(당시 집은 부산이었다) 부모님으로
부터 떨어져 독립적인 생활을 하다 보니 어느새 나의 가치 판단
기준은 '내가 혼자서 할 수 있는 일인가, 할 수 없는 일인가' 가
되어 있었다. 그것이 좋은 일이든, 싫은 일이든 말이다.

오랜 퇴적으로 평화롭고 잔잔해진 '스스로 척척척' 사고방식에 처음으로 돌이 던져진 일이 있었으니, 이야기는 얼마 전 사당에서 전 직장 동료와 만났던 술자리로 거슬러 올라간다.

'이번역은 사당, 사당 역입니다. 내리실 문은 왼쪽입니다.'

화요일 저녁 퇴근길, 강남에서 사당으로 향하는 4호선에서 내렸다. 사람들이 한꺼번에 움직이는 방향으로 걷다가 반층짜리 계단을 내려가면 시야 오른쪽에 생크림빵이 맛있는 빵집이 보인다. 빵집을 지나 계속 앞으로 걷다 보면 2호선으로 환승하는 구간이 나온다. 2호선과 4호선이 만나는 길목이라 복잡할 법도 하지만, 머리보다 몸이 먼저 기억하고는 출구 방향으로 움직인다.

사당역 출구를 나와 이수초등학교를 찾다 보니 금방 약속 장소에 도착했다. 문을 열고 들어가니 곧 눈이 마주치면서 열렬히 손을 흔드는 두 사람이 보인다.

"후배님~ 여기야 여기! 아니 이게 얼마만이야! 너무 그대로다!"

"혜인님, 생각보다 빨리 왔네요. 저희 먼저 시키고 있었어요. 뭐 더 먹고 싶은거 있어요?"

"선배님! 잘 지내셨어요! 오래간만에 뵈어요. 동기님 잘 지냈어요?"

여성스러운 브이넥에 가는 허리가 돋보이는 화사한 꽃무늬 원피스의 윤선배,

똑 떨어지는 스퀘어넥의 검은색 민소매 미니원피스를 입은 동기 주영이,

베이지색 니트에 통이 넓고 편안한 긴 바지를 입은 나까지.

첫 회사에서 인사담당자와 인턴 입사동기로 만나 수 년째 인연을 이어가고 있는, 각자 입은 옷만큼 성격도 취향도 다른 두 사람을 오래간만에 만났다.

"내가 두 사람을 언제 봤었죠? 벌써 혜인님이 퇴사한 지 7년이나 됐네요. 그 사이 진짜 많은 일이 있었지만 두 사람 있었을때가 우리회사 제일 전성기였던것 같아요."

"그러게요, 벌써 7년이나 됐네요. 요즘은 좀 어떤가요?"

자리 앞에 놓인 앞접시와 국자를 들어 가운데 큰 볼에 담긴 내용물을 휘 젓는다. 가늘게 채썬 야채와 회, 해산물이 얼음 육수에 버무려져있다. 세 사람의 취향을 딱 맞춘 메뉴 선택에서 어쩐지 주영의 섬세함이 느껴진다.

"요즘에는 사람이 너무 많아져서 그런지 옛날만큼 이야기 할 기회도 많지 않고, 인사팀이랑 프로덕트팀이랑 일하는 층도

분리가 되어서 늘 보는 사람만 보고 있죠. 점심시간에 전 직원이 랜덤으로 조 짜서 조별로 밥먹는것도 이제는 안 하고 있어요."

"아, 랜덤점심조~ 재미있었는데. 새로 입사하신분들 오시면 친해질 기회기도 했고요. 지금은 안 하나요?"

"안한지 좀 됐어요. 지금은 끼리끼리 먹고싶은거 먹으러 가거나 대부분은 회사에서 샐러드나 도시락 먹고 그래요"

"그렇구나. 점심에 샐러드 먹는 사람들 있으면 인턴들이 미리 주문받아서 사오고 그랬는데. 파리바게트에서 샐러드 살 때마다 포인트를 적립했는데, 그게 나중에는 꽤 많이 쌓여서 포인트로 케이크도 사고 그랬잖아요. 기억나요?"

이제는 과거가 되어버린, 초기 스타트업 회사의 흔한 점심 문화 이야기를 하다 보니 자연스럽게 요즘은 어떤지 궁금해졌다.

"아직도 기억나요. 누가, 어떤 샐러드 좋아했는지요. 선배님, 요즘도 인턴 뽑나요?"

젓가락으로 샐러드를 집어들던 선배가 곰곰히 생각한다.

"안 뽑은지 2년정도 됐나? 두 사람 인턴과정 끝나고 한 5번정도 더 뽑았을거예요. 그러다가 점점 교육도 힘들고, 하루는 '이런 일까지 자기네들이 해야 하냐'고 하기도 하고, 뭐… 여러가지 일도 있고 해서 지금은 안 뽑아요."

"이런 일이요? 어떤 일 때문에 그래요?"

나와 주영이가 동시에 의아한 눈으로 윤선배를 쳐다봤다.

"점심에 샐러드 주문이랑 간식 주문… 누군가는 해야 하니까 인턴이 했던 것들 똑같이 맡겼거든요? 근데 그런것도 자기네들이 해야 하냐고 해서… 생각해보니까 요즘에 이런일 시키면 안되는건가 싶기도 하고… 이래저래 복잡한 마음도 들고 그것 때문만은 아니고 사정이 있긴 한데… 이 자리에서 이야기 할건 아니라서 아무튼, 지금은 인턴 없어요"

"그러면 커피랑 샐러드랑 간식은 어떻게 해요?"

"원래 커피머신 청소는 인턴이 하는게 아니라 각자 돌아가면서 했던건데 관리가 어려워서 이참에 청소 안 해도 되는 캡슐로 바꿨고요. 샐러드는 정기배송 시키고 있어요. 간식도 요즘은 취향에 맞춰서 배달해주고 진열까지 해주는 서비스들 많더라고요. 아예 관리하지 않아도 되도록 다 바꿔버리고 나니까 왜 진작 이렇게 안 했나 싶어요."

선배의 말을 듣는 동안 머릿속에 서로 상반되는 생각이 들었다.

'아니 그걸 왜 못하지? 인턴이라면 그 정도 일은 할 수 있는 거 아닌가?'

'그러게 왜 그런 생각을 못했지? 왜 인턴이니까 당연히 할 일이라고 생각했을까?'

'인턴'이라는 단어는 항상 묘한 기분이 들게 한다. 불과 몇 년 전 '마케팅팀 인턴 조혜인' 명함에 감격했던 내가 이제 다른 인턴의 멘토가 되기도 하니 개구리 올챙이 적 생각이 나기도 하면서 이제는 '갑을병정' 중 '정'에서 '병'(갑은 사장님이다)이 된 듯한 성취감까지 불러오니까 말이다. 그러나 생각해보면 나의 인턴생활과 이들의 인턴생활은 이름만 같을 뿐 많은 부분에서 달랐다.

내 기억속에서 '인턴'을 생각할 때 가장 먼저 떠오르는 것은 오전에 커피머신을 청소하는 일이다. 하루는 동료 기획자분과 점심을 먹다가 그 이야기를 했더니 크게 공감하며 본인은 'CEO님 책상위에 정기간행물 올려두기' 담당이 따로 있었다고 했다. 우리 때는 누가 시키지 않아도 우편물과 택배 주인 찾아 책상위에 놓아주기 정도는 당연한 것이었다며 시간 가는 줄 모르고 그 시절 이야기를 했더랬다.

물론 업무도 종종 하긴 했다. 그러나 회사내에서 그리 영향력이 있는 수준의 일은 아니어서 '마케팅 팀 인턴'이 무슨 일을 하는지 모두가 알지는 못했다. 그러나 커피머신은 닦지 않으면 '더럽다' 혹은 '커피 맛이 바뀌었다'라는 볼멘소리가 터져 나왔고, 일주일에 한번 주문하는 간식의 수요를 잘못 계산하면 간식대가 너무 빨리 비거나 유통기한을 넘기도록 소비되지 않아 폐기하는 일이 추가로 발생했다. 이런 것들이 모든 구성원에게 영향을 미치다 보니 때로는 전지전능한 권한이 있는 듯 느껴지다가도 과연 회사에서 업무가 아닌 다른 일들로 평가 잣대가 드리워지는 것이 맞는 것인가 하는 회의가 들었다.

반면 요즘 대기업, 그 중에서도 우아한형제들의 인턴생활은 어떠한가? 방학을 활용해 회사에서 개인과제와 그룹과제를 진행하며 'PM의 역할'을 학습하고 '직무역량'에 대한 트레이닝을 집중적으로 받는다. 이 과정에서 '우아한형제들'의 조직문화를 체험하고 멘토-멘티 관계뿐만 아니라 '인턴 동기'라는 강력한 네트워크도 형성된다. 그리고 마침내 2개월간의 인턴 과정을 마치고나서 채용이 되면 우리나라의 톱 IT 회사에서 첫 커리어를 시작하게 된다. 굉장히 멋진 기회이지 않은가?

여기까지는 PM인턴 희망편이다. 물론 반대로, 절망편도 있다.

하나씩 나열해 보자면 그들은 난생 처음 맞닥뜨린 '고객 문제 정의' 과정에서 멘토의 피드백 폭탄에 상상할 수 없을 만큼

스트레스를 받는다. 기획서를 썼다 지우기를 반복하며 그와중에도 PM직군 권장도서(하지만 필독서에 가까운)를 읽고 후기를 쓰는 독서활동까지 소화해야 한다. 매일 치열한 하루를 보내는 것이다. 그래서 이 마음은 마냥 부러움이라고 하기 보다는 마치 군대간 아들을 면회간 아버지가 '우리 때는 한 방에 40명씩 바닥에서 잤는데 요즘에는 침대가 있네. 군대가 아니라 호텔 같다'라고 하거나, 시어머니가 결혼 혼수품으로 건조기를 장만하는 며느리에게 '건조기가 다 뭐니, 우리 때는 세탁기도 없어서 손빨래하고 그랬지'라며 지나간 과거를 한번쯤 떠올리게 되는, 그저 그런 것 같다.

어차피 시간이란 것은 지나고 나면 그때는 맞는 것이 지금은 틀리게 될 수도 있는 것 같다. 반대로 그때는 틀렸던 것들이 후에는 맞을 수도 있고 말이다. 지금이야 '커피머신 청소, 샐러드와 간식 배달 담당자' 일을 시킨다면 '왜 해야 할까', '더 효율적인 방법은 없을까' 고민부터 하겠지만, 적어도 그때의 나는 "오늘따라 커피가 정말 맛있네요"라던지 "샐러드 주문을 깜빡했는데 제가 좋아하는 맛으로 챙겨줬네요, 고마워요"라는 말에 그저 신난, 어린 시간이었다.

어떤 일을 시작하기 전에 '왜 해야 하는지'를 따지는 것. 부끄럽지만 기획서나 보고서 작성할 때는 그렇게 잘 따지면서도 일상적인 업무나 생활에서는 크게 중요하게 생각지 못했었다. 그러나 그 질문 하나로 수 년간 관습처럼 이어진 일이 없어지고 더 효율적인 방법을 찾았다. 새로운 생각으로의 환기. 마치 오랜 잠에서 깨어나 막 기지개를 켜 찌뿌둥한 기분이 든다. 하지만 이 기지개 덕분에 앞으로 살면서 마주칠 여러가지 상황에서 더 좋은 결과를 만들 수 있을 것 같다.

이제는 '스스로 척척척 스스로 어린이!' 말고, 멋진 어른이 되어야지.

그런데, 멋진 어른은 어떤 어른이지?

에티튜드

　청춘. 맨 얼굴에 꾸미지 않아도 젊음 그 자체로 빛이 나는 24살. 친구들은 모두 해외 어학연수를 다녀오거나 '해커스 토익'을 공부하며 취업을 준비할 때 나는 오은영 박사님의 '못참는 아이, 욱하는 부모' 책을 읽는, 12개월 된 딸을 육아하는 2년차 '초보 엄마' 이자 '여대생' 이었다. 어릴 때부터 좋은 사람 만나서 일찍 결혼하고 예쁜 딸을 낳아 친구처럼 지내고 싶다는 소망이 있었는데, 그게 22살에 실제로 이루어질 줄이야. 그리고 그 일이 이렇게나 힘들 줄이야…!

　'육아' 하면 막연하게 잠이 부족해 체력적으로 힘들거나, 아이의 기저귀며 분유값에 경제적으로 힘든 것을 가장 먼저 떠올릴 것이다. 물론 그것도 맞다. 그러나 나를 정말 힘들게 한 것은 다른 이유였다. 바로 온전히 내가 나에게 '1순위' 일 수 없다는 것이었다. 결혼하고 육아를 한다는 것은 누군가의 '아내' 이면서 '며느리'이면서 '엄마' 역할이 주어지는 것이었다. 이 말인 즉, 아무리 내 배가 곯아 쓰러지기 직전이더라도 새끼부터 잘 먹이고 재우고 나서야 남은 밥 한술 뜰 자격이 생기는 것이

었다. 정말 너무 힘들때는 '밖에 나가 크게 숨 한번 쉬고 싶다'
는 생각으로 온 머리속이 가득 차기도 했다. 그러나 나를 쏙 빼
닮은 보조개 팬 웃음 한번이면 온 우주의 경이로움을 느끼면서
'내새끼 최고!'를 외치는 것. 그것이 실전 육아였다.

그런 24시간 속에서 가장 기다려지는 시간이 있다면 바로
대학교에 가는 시간이었다. 다행히 학교는 집에서 멀지 않은
곳에 있어 차로 15분정도 가면 되었는데, 멜론 TOP 100을 처
음부터 플레이하고 출발하면 4위 노래가 끝나기 전에 도착하곤
했다. 봄에는 벚꽃이 흐드러지게 피고 가을이면 노란 단풍이
융단처럼 깔린 캠퍼스를 걷고 있노라면 다른 차원의 세상에 온
것만 같았다.

그렇게 학교를 다니던 어느 날, 교양 학점을 채우기 위해
큰 기대 없이 수강했던 진로 탐색 수업에서 졸업생 선배의 회사
소개를 듣게 되었고, 나는 완전히 매료되었다. 화려하고 자유
로운 사무실과 휴게 공간 소개도 기억에 남지만 무엇보다 내 가
슴을 뛰게 한 것은 회사에서 본인이 하고 있는 역할을 소개하며
회사의 성장에 함께하고 있다는 확신 어린 어조였다. '성장'을
말하는 무대 위의 선배님의 모습에서 빛이 나는 것 같았다.

그로부터 몇달 후, 나는 정확하게 그 회사에 마케팅팀 인턴
으로 입사해 첫 사회생활을 시작하게 되었다.

내가 입사한 회사는 직원이 15명인 작고 단단한 스타트업이었다. 주요 서비스는 수십개에 달하는 TV 홈쇼핑 채널을 모바일로 한 눈에 탐색할 수 있는 앱 서비스로 20대부터 40대 여성 사이에 인기가 있었다.

당시 이력서와 면접을 준비하면서 가장 어려웠던 것은 객관적으로 봤을 때 취업시장에서 가장 불리하다는 '아이가 있는 기혼 여성'이라는 나의 조건이었다. 비록 이력서에 기재하는 항목은 아니었으나 면접을 보다 보면 자연스럽게 육아 이야기가 나올 수도 있었고. 설령 그 이야기를 하지 않고 입사하더라도 재직 중에 자연스럽게 모두가 알게 될 터라 고민이 되었다. 지원 자격에 '대학생'이라고만 되어있었지 '아이가 있는 대학생'이라고는 되어 있지 않았던 까닭이다.

한참 '육아맘'과 '대학생'이라는 키워드를 화면에 띄워 두고 보다가 어느 순간 '역발상'이라는 단어가 생각났다. 그렇다. 반대로 생각해보면 나는 홈쇼핑 서비스의 핵심 타겟인 전업 육아맘일 뿐만 아니라 트렌드의 핵심 생산자이자 소비자인 대학생인 것이다. 그 두가지 조건이 동시에 성립되는 것은 누구도 쉽게 가질 수 없는 스펙이었다.

다행히 서류가 합격으로 통과됐다. 그리고 이어진 면접과정에서 나만의 특수한 스펙과 그로 인해 고객을 잘 이해할 수 있음을 강조했다. 내심 속으로는 불안했지만 다행히 이러한 전략이 잘 통한 것일까. 면접을 끝내고 집에 돌아오는 길에 최종 합격 문자를 받았던 그 순간이 아직도 생생하다.

불어오는 바람에 키 큰 가로수 잎사귀 사이로 햇빛이 산란하는, 눈부신 4월이었다.

***

입사 후 내가 처음 맡은 일은 새로운 고객들이 우리 앱을 발견하고 다운로드 할 수 있도록 온라인 광고 채널에 광고 등을 등록하고 성과를 관리하는 일이었다. 처음 사수를 만나 인수인계 받던 날 CPM, CPC 등 전문 용어를 듣는대로 메모해 두었다가 나중에 물어봤다. 그 때 하나씩 친절하게 설명해주던 사수가 마지막에 했던 말이 기억에 남는다.

"아마 모르는 용어가 많을 거예요. 저도 그랬어요. 그런데 인터넷에 검색하면 대부분 뜻이 다 나와있고요. 그래도 잘 모르겠으면 편하게 물어보세요, 알려드릴게요."

'물어보면 알려주겠지만 그 전에 스스로 찾아보려는 노력을 해야 해'라고 들리는 기적을 경험하며, 더 이상 내가 있는 곳은 학교가 아닌 회사임을 실감했다.

4월 중순에 입사해 5개월이 지날 무렵이었다. 가을에 접어들면서 한 여름의 무더위가 한 풀 꺾이고 아침저녁으로 시원한 바람이 불었다. 당시 앱의 신규 사용자를 유치하기 위한 배너 광고 소재의 메인 이미지로 주부들이 좋아할 만한 '우유팩 모양의 요거트 제조기' 이미지를 사용하고 있었는데 슬슬 신규 고객 유입이 적어져 이미지 교체를 고민하고 있었다. 그런데 쇼핑몰을 둘러보던 중 셔츠도 자켓도 아닌, 적당히 넉넉한 품의 엉덩이 길이를 덮는 자켓이 눈에 들어왔다. 체형 보정도 되면서 편안하게 두루두루 입을 수 있는 것이 하나쯤 있으면 활용도가 높을 것 같았고, 무엇보다 젊은 엄마와 딸, 모두에게 잘 어울릴 것 같았다. 셔츠형 자켓 이미지를 따 '셔킷'이라는 타이틀을 붙이고 배너 광고를 진행했다.

그러자 엄청난 일이 일이 벌어졌다. 당시 일평균 250명의 신규 방문 사용자가 유입되었는데 갑자기 하루에 적게는 2000명, 많게는 5000명까지 방문 사용자가 늘어난 것이다! 깜짝 놀란 대표님은 전에 없던 신규 사용자 숫자에 놀라 원인 분석을 진행을 요청했고, 유입 경로 대부분이 '셔킷' 소재를 통해 이루어졌다는 결론이 나왔다. 서비스의 잠재고객인 2040 여성에게 제대로 관심을 이끌어 낸이다. 회사에서의 첫번째 사건이자 성과였다.

　그날 이후 모든 일이 순조롭게 흘러간다는 생각이 들었다. 대표님은 나를 신뢰하는 듯 했고, 주변 동료들의 태도도 호의적으로 느껴졌으며 시도하는 모든 일에서 좋은 결과가 따라오는 듯 했다. 그런데 어느 순간부터 사수와의 관계가 어렵게 느껴졌다. 매일 오전에 팀 전체가 모여 과제 진행상황을 공유하는 미팅에서도 표정이 좋지 않다는 생각이 들었고 내가 진행하는 과제를 공유할 때도 추가 질문을 하지 않는 등 눈에 띄게 말수가 적어졌다.

　그리고 한가지 사건이 발생했다.

　어느 날과 같이 온라인 광고 집행을 위해 디자인팀으로부터 제작이 완료된 배너 소재를 확인할 때였다. '실내 워터파크'가 메인 소재인데 타이틀과 설명 부분에 기본형태의 폰트가 들어가 있었다. '물놀이니까 제목 쪽에 물방울이나 물이 튀는 느낌을 주면 어떨까?' 싶은 생각에 담당 디자이너에게 메신저로 폰트 수정을 요청했다. 그런데 한참이 지난 후에 돌아오는 답변은 '잠깐 회의실로 와 달라'는 말이었다. 정신을 차려보니 디자인 담당자, 디자인팀 팀장님과 내가 회의실에 앉아있었다.

　"혹시 제가 왜 불렀는지 아시나요?"

"네? 아니요… 잘 모르겠습니다"

경직된 표정의 팀장님이 계속해서 말을 이어갔다.

"디자이너에게 타이틀 폰트 수정요청을 하신 게 맞나요?"
"아, 네. '실내 워터파크'가 메인 소재이니까 기본 폰트보다
는 좀 더 물놀이 느낌이 나면 좋을 것 같아서 요청드렸습니다."

"처음 요청사항에 그렇게 있었나요? 아니면 소재를 받고나
서 마케팅팀 내부에서 합의가 된 의견인건가요?"
"아… 처음 요청사항에는 없었습니다"

"그러면 마케팅팀 내부에서 합의해서 요청 주신건가요?"
"아니요. 제가 따로 디자이너분께 요청 드린 건입니다"

일순간 정적이 흘렀다. 그리고는 이내 헛웃음이 들렸다.

"저기요, 일을 그렇게 하시면 안되죠."
"네…?"
"지금 자기 팀에 이야기도 안하고 혼자하는 것도 그렇고."

뒤통수에 쎄한 느낌이 들었다.

"폰트를 바꿔주라고요? 폰트를 어떤 걸 쓰든 레이아웃을 어떻게 하든 디자인은 디자이너의 영역이예요. 요청사항이 있다면 '폰트를 바꿔라', '레이아웃을 이렇게 바꿔라'가 아니라 '무엇때문에 이게 필요한데, 이런 느낌으로 가능할까요?' 라고 물어보시거나, 의견을 구해야 하는 것 아닌가요? 사수가 안 가르쳐줬어요?"

"……"

"아무리 일을 처음 해본다고 해도 이건 너무 경우가 없는 것 같네요"

"……"

불편한 시선과 말투. 그리고 그 상황을 덤덤히 모두 지켜보고 있는 디자인 실무자.

난생 처음 겪어보는 상황에 당혹감과 수치스러움, 막막함이 뒤섞여 머릿속이 온통 혼란스러웠다. 나도 모르게 숙여진 얼굴에서 참고 참던 눈물 한방울이 끝내 허벅지 위로 떨어지자 귓가에 또다시 한숨 소리가 들렸다.

"지금 울어요? 울지마요. 내가 뭐라고 했다고… 나쁜 사람 만들고 그래"

"…아닙니다. 죄송합니다"

곧 두 사람이 나가고 빈 회의실에 남아 잠시간 마음을 진정시켰다. 그리고 곧장 화장실로 가서 얼굴을 정리했다. 심장박동이 점차 가라앉으며 여러가지 생각이 들었다. 처음에는 '이게 나한테 일어난 일이 맞나?'로 시작해 '왜 내가 이런 말을 들어야 해?'라는 억울함으로, 그리고는 '내가 무언가 잘못했겠지'로…

집에 돌아가는 길에 맥주 4캔과 컵라면을 샀다. 습관적으로 엄마에게 전화해 이런저런 이야기를 하다가 '요즘 회사에서는 별일 없지?'라는 말에 괜히 코끝이 찡해졌다. 별 일이 있긴 했는데… 엄마에게 말하기가 부끄러웠다.

집에 오니 먼저 퇴근해 있던 남편이 손에 들린 맥주를 의아하게 바라봤다. '한잔 할래?'라는 말을 시작으로 식탁에 마주 앉혀 놓고는 남편이 좋아하는 하이네켄 맥주를 꺼내 건넸다. '무슨 일 있었어?' 라고 묻는 말에 걱정이 가득해 잠시 고민하다가 그동안 있었던 일을 털어놨다.

이야기를 들은 남편은 잠시 침묵하더니 '내가 네 사수라면 기분이 상했을 것 같다'라고 했다. 뒤이어 나온 이야기들은 가관이었다.

- 지금 회사에서 인정받는 일들. 물론 잘 했지. 좋아. 그런데 그 일 누가 알려준거야? 너 혼자 한 거라고 할 수 있어? 사수가 뭐야? 필요할 때만 써먹는 사람이 아니라 같은 팀 선배 잖아. 당연히 확인하고, 상의했어야 하는 거 아냐?
- 네가 지금 회사에서 마음 편하게 일할 수 있는것도 누군가가 우리 아이들을 대신 봐줄 수 있기 때문에 할 수 있는 거 아니야? 누군가의 조력이나 희생에 대해서 생각해본 적 있어?
- 물론 방식이 옳은 건 아닌데. 팀장이면 같은 팀장끼리 이야기 해야지 다른 팀 인턴 불러다가 하는 건 좀… 그런데 그 사람 말이 틀린 건 없는 것 같네. 괜찮아?

　다정한 말투에 그렇지 않은 내용, 내 편이 아니라서 남편인걸까. 하나같이 반박하기 어려운 말에 애꿎은 맥주만 벌컥벌컥 들이키고는 조용히 먼저 일어나버렸다.

　어릴때부터 남에게 의존하지 않고 혼자서 잘 하는 것이 최고의 미덕이라고 믿고 자라왔다.
　회사에서도 마찬가지였다. 주어진 일을 (팀과 사수에게 폐를 끼치지 않고) 혼자서 잘 하는 것이 잘 하는 것이라고 생각했다. 또한 당시 내가 승승장구하는 것은 모두 내가 주어진 일을 열심히 잘 한 덕분이라고만 생각했다. 그러나 과연 그 모든 결과가 오롯이 나의 노력만으로 잘 된것이라고 할 수 있을까?

알고보면 그 이면에는 내 질문에 다시한번 질문으로 답해줌으로써 내가 스스로 판단하고 결정할 수 있도록 기다려준 배려와, 임원과의 주간보고에서 나의 성과를 어필했던 사수의 보이지 않는 노력이 있었을 것이다.

안타깝게도 나는 그것을 몰랐다. 단지 내가 노력했기에 좋은 결과를 가지고 왔다고 생각하며, 타인의 인정에 매료되어 모든 것을 오롯이 나의 공으로 삼았다. 그것이 나의 첫번째 실패이며 교훈이었다.

결국 회사에 입사한다는 것은 누군가의 팀원으로 받아들여진다는 것이었고 이는 원만한 관계를 유지하며 공동의 목표를 달성해 나가야 한다는 새로운 미션이 주어지는 것이었다. 마치 결혼생활처럼. 그나마 결혼생활을 하며 배운 것이 있다면 매사에 '감사' 표현을 잊지 않는 것이 중요하다는 것이었다.

퇴근 후 집에 돌아왔을 때 준비되어 있는 저녁식사, 냉장고를 열면 켜켜이 쌓여있는 이유식. 비어있는 빨래바구니와 가득 찬 건조대.

본래 내가 해야 할 일들을 어머님이 나눠주신 덕분에 일에 회사 일에 온전히 집중할 수 있었고 덕분에 좋은 성과를 낼 수 있었다며 늘 감사하다는 말을 한다. 우리 어머니 말마따나 '퇴근없는 24시간 육아에 지쳤다가도 네가 알아주는 마음에 힘든

게 좀 가신다' 하시는데, 어찌 이걸 회사에서는 잊고 있었을까?

그 뒤로 사수를 대할 때의 나의 마음가짐은 자연스럽게 달라졌다. 내가 입사하기 전까지 두 명 몫의 일을 혼자 해낸 점과 임원들의 까다로운 요구사항을 듣는 것. 할 수 있는 것과 어려운 것을 조목조목 설명할 수 있는 것. 이미 회사 내 여러 부분에서 사수는 존중받아 마땅했다.

이후로 나는 어떤 과제를 하건 혼자 결정하기보다 사수의 의견을 물어보며, 믿고 신뢰하는 동료가 되고자 노력했다. 노력에도 불구하고 눈에 띄는 속도로 친밀함의 온도가 달라지는 것을 느끼기는 어려웠지만… (극복하기 힘든 성향 차이가 있었던것도 한 몫 했을것이다.)

그러다가 내가 다른 회사로 옮기게 되며 자연스럽게 연락을 하지 않게 되었지만, 언젠가 기회가 되어 마주하는 기회가 생긴다면 아무것도 모르던 사회 초년생에게 잘 대해준 덕분에 잘 지내 왔다고, 고마웠다고 말하고 싶다.

면접관 2주 속성반

버스가 잠실 광역환승센터역에 도착했다. 출발한지 약 45분만이다. 3개월의 준비 끝에 약 2년 전 새로 입사한 회사는 월요일 출근시간이 오후 1시까지여서 혼잡한 시간을 피해 버스를 탈 수 있다. 월요병 없이 쾌적하고 여유롭게 맞이하는 출근길이란.

사무실에 도착하면 제일 먼저 사내 카페에 가서 아이스아메리카노를 주문해두고, 적당히 조용하고 넓은 공용테이블에 자리를 잡아 노트북을 세팅한다. 서울의 가장 높은 빌딩에서 한강을 조망할 수 있는 사내 카페는 회사에서 가장 좋아하는 장소 중 한곳이다.

"안녕하세요. 혜인님, 지난 피드백 주신 내용 반영해서 '문제정의' 부분을 수정해 봤습니다. 혹시 30분정도 시간 괜찮으시면 잠깐 봐주실 수 있을까요?"

살짝 긴장된 목소리가 나를 부른다. 모니터에서 눈을 떼고 오른쪽을 바라보니 자신의 노트북을 살짝 내려놓으며 초롱초롱한 눈으로 바라보는 인턴이 있다. 2022년 여름, 채용전환형 우아한인턴 프로그램에 PM 직군으로 합격한 친구다. 나는 '우아한형제들'에서 PM 인턴의 멘토가 되어 8주라는 시간동안 4명의 멘티와 함께 하게 되었다.

PM 멘토로 지원하게 된 동기는 단순했다. 첫번째로는 내가 인턴경험을 해 봤었기 때문에 인턴이 필요로 하는 부분을 잘 챙길 수 있을 것이라는 생각이 들었고, 두번째로는 아래 CPO님 보낸 메일의 지원자 희망 자격 요건 중 두번째와 세번째가 눈에 들어왔기 때문이다.

〈이런 분들의 지원을 받습니다.〉
● 인턴 채용이 필요한 팀 (채용 과정에 참여해서 미리 점 찍어 두기 가능)
● 어린 친구들을 육성하고 돕는 데 진심이신 분
● 멘토링 프로그램을 경험하고 개선하는 데 기여하고 싶으신 분

가끔 카페 창가에 서서 굽이치는 한강뷰를 바라볼 때면 (비록 내가 이룬 것은 아니지만) 감개무량하다. 서울대입구역 곱창집에서 사수한테 혼나고 울던 우당탕탕 주니어 시절부터, 장래희망은 '만년대리' 라고 외쳐대던 삼성동 지하 냉삼겹살집까지. 지금 이 자리에 있을 수 있는 건 그때 함께 먹고 마시며 내 이야기에

귀 기울여준 멋진 사회 선배 및 동료들 덕분일 것이다. 사랑을 받아 본 사람이 사랑을 나눠줄 수 있듯, 어느새 자연스럽게 먼 미래의 상을 그릴 때 고민하는 후배들의 이야기를 듣고 지지해 줄 수 있는 사람이 되었으면 좋겠다는 생각이 들었던 것 같다.

그리고 몇 일 후 멘토로 선발되었다는 메일을 받았다. 설레임도 잠시, 곧 100명* 이 넘는 지원자의 자기소개서와 포트폴리오의 산을 마주하게 되었는데, 나의 첫 번째 과제는 이들 중 서류합격 및 면접 대상자를 10명 선별하는 것이었다. 그것도 48시간 이내에!

팀 내의 모든 프로젝트들이 빠른 템포로 돌아가고 있었기 때문에 원래 진행하던 업무를 다른 사람에게 인계할 수 없었고, 기존 담당 프로젝트의 업무와 인턴 서류심사를 병행할 수밖에 없었다. 주어진 시간 대비 봐야 할 서류의 양이 너무 많았기 때문에 시간이 너무 촉박했다. 최대한 빠르게 검토하기 위해 우선 모든 지원자의 자기소개서부터 훑고 인상적인 지원자들은 포트폴리오를 한번 더 보기로 했다.

그러나 첫 번째 지원자의 자기소개서를 보는 순간 마음이

---

* 자세한 지원자 수치는 공개할 수 없으나, 실제 전체 지원자는 1,000명이 넘었다. 각 멘토들에게 무작위로 서류를 배정했는데 나에게 할당된 서류심사 대상이 102명이었다.

흔들렸다. 단어 선택부터 기승전결의 스토리텔링 방식까지. 한 장의 지원서를 완성하기까지의 오랜 고민과 간절함이 느껴졌기 때문이다. 이런 마음 앞에서 기계적으로 훑어 나가는 것은 예의가 아니라는 생각이 들었다. 이후 정기 업무를 끝내는 매일 오후 5시부터 밤 12시까지 모든 자기소개서를 하나하나 읽어보았다. 이런 사정은 나 뿐만이 아니었는지 밤 늦은 시간까지도 구글스프레드시트 인턴 이력서 탭에는 늘 8명 이상이 동시 접속하여 지원자들의 이름 옆에 '합격' 또는 '불합격'이 실시간으로 업데이트되는 기이한 광경이 연출되었다.

　수많은 지원자 중에서 10명을 선정하는 것은 정말 어려운 일이었다. 다행히 그 중에서도 '만나보고싶다'는 생각이 드는 지원자가 몇 명 눈에 들어왔다. 각 멘토별로 본인만의 기준이 있겠지만, 나의 경우에는 아래 두 가지 내용이 자기소개서에 있으면 한번 더 눈길이 갔다.

1. 개인적으로 어려운 상황에서도 위기를 기회로 만들어본 경험
2. 여러 동료와 함께 실패 · 성공했던 경험

　어차피 인턴에게 실무적으로 큰 기대를 할 수는 없다. 그렇기 때문에 태도를 좀 더 눈 여겨 보게 되었고 사람의 본래 모습은 어려울 때 알 수 있는 것이라고 생각해 어려운 상황에 놓

메일함에 수신한 면접 스케줄 초대장.

였을 때, 그 상황을 대한 태도와 극복 의지를 살펴보고자 했다. 재미있는 점은, 똑같은 '프로젝트 성공 경험'에 대한 공통 자기소개서 질문에 어떤 지원자는 팀원은 부족했으나 본인이 잘했기에 성공했다 하고 어떤 지원자는 훌륭한 동료 덕분이라며 겸양의 표현을 사용한다. 당연히 후자에게 눈길이 간다.

서류 합격자를 선정하고 나서는 길고 긴* 면접의 행렬이 이어졌다. 코로나 확진자 증가로 정부의 방역 지침이 권고된 상태였기 때문에 모든 과정은 온라인으로 이루어졌다. 면접은 면접관 3인 1조, 멘티 2인 1조가 30분간 질문과 답변을 주고받는

---

* 메일함에 수신한 면접 스케줄 초대장. 하루에 2~3번의 면접을 봤는데 본래 30분 면접 후 15분 휴식시간이었으나, 30분으로는 지원자의 역량을 충분히 검증하기 어려워 거의 45분 면접 후 바로 다음 면접에 들어가는 식으로 진행되었다.

형식으로 구성되었고, 나는 총 15개 조의 면접에 면접관으로 참여하게 되었다. 이 모든 일정도 2주 이내에 이루어졌는데 마찬가지로 프로젝트를 병행하며 면접 스케줄을 소화하느라 멘토 대부분이 2주를 꼬박 야근하며 보내게 되었다.

면접 일정은 힘들었지만 과정은 정말 유익했다. 특히 함께 면접관으로 참여하게 된 비마트 서비스기획 담당자분과 라이더 서비스기획 담당자, 이 두 분을 통해 여러가지 면접 기술과 태도를 배울 수 있었던 것이 정말 좋았다. 예를 들면, 긴장한 지원자가 말을 더듬으며 제대로 답변을 하기 힘들어할 때 그것을 마이너스 요소로 보지 않고 편안하게 미소 지으며 "괜찮으니 천천히 물 한잔 드시고 하셔도 됩니다" 라고 배려하는 태도라거나. 모든 질문에 답변은 잘 하는데 진정성보다는 외운 티가 너무 많이 나는 지원자에게 "그런데 한가지 물어보고싶은 것이 있어요. OO님은 이 과정에 왜 지원하신건가요?"라고 핵심적인 질문을 함으로써 정말로 이 과정이 절실하고 적합한 지원자를 가려내는 것이 그러했다.

개인적으로 늘 팀원으로서 팀의 신규 입사자를 환영하거나, 다른 회사에 지원하기 위해 면접자로서 참여하기만 하다가 직접 면접관이 되어 지원자를 검증하는 과정을 경험해봄으로써

할 수 있는 역할의 범위가 크게 확장되는 것 같았다. 확실히 첫 면접때와 마지막 면접에서 지원자의 대답을 듣고 떠오르는 생각이 달라지는 것을 느꼈는데. 면접 초기에는 '아 이 분은 이런 일을 했구나', '아 이분은 이런 생각을 갖고 있구나'와 같이 지원자의 답변에 공감하다가 딱히 흠을 찾지 못해서 어영부영 넘어갔다면, 나중에는 '이런 프로젝트를 했군. 그런데 이 분은 구체적으로 그 프로젝트에서 어떤 역할을 담당했던걸까?', '그때 왜 그런 생각을 했을까?'로 좀 더 구체적이면서 진솔한 답변을 끌어낼 수 있는 질문들이 떠올랐다.

특히 함께 면접관으로 들어가던 사람 중, 팀장으로서 면접 경험이 많은 시니어PM의 질문들이 예리했는데 내가 만약 면접자였으면 어떻게 대답했을까? 고민했을 때 쉽지 않은 질문이 여럿 있었다. 그러나 같은 면접관으로서 들으니 모두 훌륭한 레퍼런스여서 많은 참고가 되었다.

예를 들면, 일반 기업에서 근무한 경험은 있으나 PM경험이 없는 지원자에게 다음과 같이 질문했던 적이 있다.

'솔직하게 걱정되는 부분을 말씀드리면 PM직군 지원자인데 관련 프로젝트 경험이나 협업 경험이 없으셔서 걱정이 됩니다. 이 부분에 대해서 어떻게 생각하시나요?'

여기서 면접 스킬은 1) '솔직하게' 라는 말로 지원자의 심리적 장벽을 낮추어 솔직한 답변을 이끌어낸 부분과, 2) '어떤 공부를 할 것인가?'가 아닌, '어떻게 생각하느냐?' 라는 열린 질문을 함으로써 열린 답변을 이끌어낸 부분, 이렇게 두 가지가 있다.

그 지원자는 질문을 듣고 잠시 생각하더니 이내 면접관의 의견에 동의한다며 자신이 어떤 부분에서 부족한지 이야기를 꺼냈다. 그리고는 최근 하고 있는 공부들과 앞으로 학습 계획을 이야기했다. 신중히 고민하고 답변하는 모습은 진심이었다.

마침내 '면접관 2주 속성반'에서 훈련 받는 듯했던 시간이 지나고 나는 4명의 멘티를 맞이하게 되었다. 마지막 질문에 답변했던 지원자들 포함해 다행히 모두 서류부터 면접까지 나와 함께했던 지원자들이었다. 엄청난 경쟁률의 서류심사부터 면접까지. 이 모든 과정을 마치고 합격한 그들에게 진심으로 축하의 말을 건네며 동시에 앞으로 남은 8주간의 과정 또한 잘 부탁한다는 인사를 건넸다.

7 시작은 감동이다

_이정윤 (전직 CPO 가게노출 PM)

심리상담 서비스의 CPO를 거쳐 수천만 유저의 한 끼를 책임지는 푸드테크 회사의 기획자로 살아가고 있습니다. 새로운 가게, 음식, 사람, 장소들을 경험하고 이야기하기 좋아하는, 누구나 잘 먹고 행복하게 살아가는 일에 관심 많은 평범한 직장인입니다.

시작은 감동이다

"정윤님 어떻게 이런 생각을 했어요?"

사내에서 업무 프로세스 워크샵이 개최되는 날 참가자들이 마실 음료를 취합하는 공지글에 내가 찍어 올린 메뉴판 사진을 보고 워크샵 진행자가 놀란 토끼눈으로 되물었다. 그저 메뉴판 없이는 마실 음료를 고르기 어려울 것 같아 사진을 찍어 올려두었을 뿐인데, 어떻게 그런 생각을 했느냐며 감탄하는 반응에 새삼스럽고 머쓱한 기분이 들면서도 문득 "아, 기획이란 이런 거지" 라는 생각이 들었다.

대상을 민감하게 살피고, 그 대상이 더 좋은 상태에 이를 수 있도록 변화의 획을 긋는 일.
그래서 대상의 필요와 욕구를 민감하게 살필 수 있는 감수성과 애정을 필요로 하는 일.

특히 실제 업무를 진행하면서 어떻게 문제를 해결할까 다각도로 고민하다 보면 이런 저런 레퍼런스를 찾게 되는데 서비스를 살펴 보다 보면 사용자를 향한 세심함과 애정이 느껴지는 기능이 있고, '나는 잘 모르겠지만 일단 너가 필요할 것 같아서 만들어 놨어' 식의 어딘가 사용자에 대한 이해와 공감이 2% 부족해 보이는 기능들과도 마주하곤 한다.

가장 최근에 마주한 세심하고 배려 넘치는 기획은 Google Meet 서비스다. 재택근무를 하던 어느 날 여느 때와 같이 비대면 회의에 참석하기 위해 Google Meet에 접속해 전체 참석자들이 모이기를 기다리고 있는데, 이전에는 보이지 않던 참석자들의 접속 여부가 화면에 표시되는 게 아닌가. 회의에 들어와 있는 참석자와 초대 명단을 일일이 대조하며 출석여부를 체크하던 나의 수고로움과 피로를 알고 해결해주었구나 싶은 마음에, 누군지도 모를 담당 기획자를 향해 감사인사를 했던 기억이 난다.

또 하나의 인상깊었던 서비스는 Earthtory라는 여행 플래닝 서비스다. 현재는 서비스 중단 상태라 더 이상 이용할 수도 없고, 시중에 다른 여행일정 계획 서비스가 여럿 출시되어 있음에도 아직까지 이 서비스를 대체할 수 있을 만한 곳을 발견하지 못했다. 이러한 대체 불가한 매력은 어디서 나오는 것일까? 나의 경험을 되짚어보며 크게 세가지 요인을 꼽아볼 수 있었다.

첫째, 데스크탑에서 일정을 편집할 수 있다는 점이다. 최근 출시된 여행 플래닝 서비스들은 대부분 모바일에서 서비스를 제공한다. 그러나 여러 방문 후보지를 비교탐색하고 여정의 전체 동선과 체크리스트 등을 한 눈에 보며 결정을 내리기에는 화면이 큰 데스크탑이나 노트북이 훨씬 수월하고 편리하다. 그런 점에서 데스크탑에서 일정을 편집하고, 모바일에서도 일정 조회가 가능하다는 점이 좋았다.

둘째, 자동으로 여행 동선을 최적화해주는 기능을 제공한다는 점이다. 가고 싶은 관광지, 식당 등을 일정에 마구잡이로 추가해두고 동선 최적화를 누르면, 동선 낭비 없이 인접한 장소끼리 묶어서 경로를 제공해준다. 사용자는 그 안에서 원하는 식사 시간, 방문장소의 운영시간 등을 고려하여 세부 순서만 조정하면 될 뿐만 아니라, 장소 간 이동거리와 경로를 구글맵으로 연동하여 확인할 수 있어 무척 편리했다.

세번째는 PDF 파일로 전체 여정을 다운로드 받을 수 있다는 점이다. 그것도 예쁘고 정돈된 서식으로! 모바일 앱 서비스는 말그대로 스마트폰만 있으면 어디서나 간편하게 조회와 편집이 가능한 이동성(Mobility)이 특장점이지만, 아직 스마트폰 기기에 익숙하지 않은 50~60대 시니어에게는 앱을 설치하고 계정을 생성해야 하는 등의 이탈을 유발하는 여러 난관이 존재한다. 그러나 Earthtory에서 완성한 일정을 PDF 파일로 내려받아 인쇄물로 출력하면 전자기기가 익숙하지 않은 부모님께 일정을 좀더 쉽게 공유할 수도 있고, 여행지로 떠나는 기내에서 와이파이의 제약 없이 인쇄물을 훑어보며 관광지별 정보와 이동경로 등의 정보를 미리 숙지할 수도 있다.

이러한 여행객의 여러가지 필요와 맥락을 세심하게 고려한 장치들 때문에 Earthtory에는 도시마다 각양각색의 여정들이 가득하다. 서비스가 한창 활발히 운영되었을 시기에는 Earthtory에서 다음 휴가지에 대한 영감을 얻고는 했다. 어디로 떠날지 고민하는 순간부터 현지에 체류하는 순간까지, 여행을 계획하고 준비하는 기분 좋은 설렘과 흥분이 고스란히 담겨 있는 곳, 그렇게 Earthtory는 나의 20~30대 여행을 책임져 준 고마운 동반자로 마음 속에 남아 있다.

이렇듯 좋은 기획은 삶의 행복한 기억, 감동의 순간들과 맞물려 있다. 그렇기에 기획자는 본질적으로 잘 감동받고, 남들을 잘 감동시키는 부류들이 아닌가 싶다. 나는 이 글에서 내가 받은 감동의 경험들에 대해, 마음에 깊은 울림을 주고 그것을 경험하기 이전으로는 돌아갈 수 없는 변화의 지점을 만들어 낸 순간들에 대해 이야기해보고자 한다.

그 첫 순간은 초등학교 2학년 무렵으로 거슬러 올라간다.

베들레헴 베이커리

내가 아홉살 무렵 부모님은 아파트 대단지 내 상가에서 작은 햄버거 가게를 운영하셨다. 그래서 수업을 마치고 오면 집에는 항상 나와 동생 뿐이었다. 친구와 약속이 없을 때나 TV에서 방영하는 만화영화 시작 시간이 한참 남아있을 때, 밥솥에 오래되어 눅눅하고 차가운 밥만이 남아있을 때면 얼마 안되는 용돈을 호주머니에 구겨 넣고 집 근처 인근 시장을 배회하곤 했는데, 집에서 멀지 않은 곳에 항상 동네 주민들로 북적이는 '베들레헴 베이커리'라는 빵집이 있었다.

나는 다른 어떤 곳보다 그 곳에 가길 좋아했는데, 빵집 근처에서부터 풍겨오는 향긋한 이스트와 버터 냄새가 왠지 모르게 포근하고 따뜻하게 느껴졌을 뿐 아니라 시식용으로 잘라 둔 빵조각을 눈치 보지 않고 먹을 수 있었기 때문이다. 게다가 이곳에서는 특이하게도 비디오테이프를 무료로 빌려 볼 수 있었는데, 계산대 뒤편의 상부 진열장에서 보고 싶은 비디오를 찾아 점원에게 얘기하고 이름과 집 전화번호를 적으면 무료로 비디오테이프를 마음껏 빌려 볼 수 있었다.

시식용 빵으로 출출한 배를 채운 뒤 옆구리에 비디오테이프를 끼고 빵집 문을 나서면 바로 옆에 버스정류장이 하나 위치해 있었는데, 이 빵집은 특이하게도 정류장 앞에 미니 분수대와 벤치를 설치해서 마치 광장처럼 꾸며 놓았다. 그래서 베들레헴 베이커리 입구 앞에는 버스를 기다리는 사람들과 담소를 나누러 온 동네 아주머니들, 무료함을 달래려 나온 연로한 어르신들, 나처럼 할 일 없는 꼬마들로 항상 북적였다.

그 광장에선 동네 아주머니들끼리 머리채를 붙잡고 대판 싸움이 벌어져서 주변 사람들이 말려도 떨어지지를 않아 경찰까지 출동한 사건 외에도 기억에 남는 에피소드가 참 많지만, 가장 특별한 기억은 아무래도 어린이날 금붕어 잡기를 했던 기억이다.

어린이날에도 장사를 해야 하는 부모님 사정 때문에 어디 놀러가지도 못하고 동생과 함께 동네 어귀를 어슬렁거리고 있었는데, 마침 북적이는 베들레헴 베이커리가 시야에 들어왔다. 인파를 헤집고 다가간 그 곳에는 여러 개의 대야가 놓여져 있었고, 물을 가득 채운 대야 안을 수많은 금붕어들이 뜰채를 피해 정신없이 헤엄치고 있었다. 금붕어를 건지려는 아이들과 이를 지켜보는 사람들 사이 사이로 빵집 점원들이 분주하게 뜰채와 바구니를 나눠주었고, 금붕어의 자태에 매료된 나는 동생과 함께 뜰채 하나씩을 나눠 쥐고 몇번의 실패 끝에 금붕어 두 마리를 건져냈다. (물론 그 두 마리는 얼마 못가 세상을 떠났지만…)

그 날의 아이들의 비명에 가까운 왁자지껄한 웃음소리와 다홍빛 예쁜 자태를 뽐내며 뜰채를 요리조리 잘도 피해가던 금붕어, 물을 채운 투명한 비닐봉지에 금붕어를 담아주고 빈 손에 풍선을 쥐어 주던 넉살 좋은 인상의 아저씨가 행복한 기억으로 남았었다.

그 뒤로 한참이 지나 중학교 3학년때 쯤이었을까, 학교에서 '내 인생에서 가장 큰 영향을 준 인물'에 대한 에세이를 써오라는 숙제가 있었다. 빈 종이를 펼쳐들고 막막한 심정으로 주변 인물부터 역사 속 위인들까지 하나씩 떠올려보던 중에 문득 베들레헴 베이커리가 떠올랐다. 벌써 몇 년도 더 된 일이었지만 무료로 빵을 마음껏 먹었던 기억, 영화 '나홀로 집에'와 '영구와 땡칠이 시리즈' 비디오를 빌려서 봤던 것…동물원이 있었고…금붕어를 잡았던 기억들이 다시금 생생하게 떠올랐다.

나름 머리가 크고 나서 생각해보니 이해되지 않는 것들이 한둘이 아니었다. 애초에 그 사장님은 빵집을 운영하면서 왜 비디오테이프 빌려 줄 생각을 했을까? 그리고 시식을 그렇게 마구 퍼줘도 되나? 건물 앞 부지에 광장이 아니라 매대를 두어야 매출이 더 오를텐데 왜 빵이랑 관계도 없는 동물원은 꾸민 건지 등등….

꼬리를 물고 이어지는 의문점에 대한 답은 하나밖에 없었다. 아, 사장님은 어린아이들을, 그리고 이웃 주민들을 정말 사랑하고 아꼈구나. 진열대 몇개는 더 놓을 수 있는 공간을 누구나 앉아 잠시 쉬어갈 수 있는 공간으로 내어주고, 부모 없이 혼자 와서 눈치보며 시식용 빵을 먹는 아이들을 내쫓지 않고 마음껏 먹게 해주고, 어린이날이며 크리스마스며 아이들을 위한 이벤트를 열었던 동기, 그 원천 말이다.

자연스레 베들레헴 베이커리 사장님을 주제로 에세이를 써 내려가는 동안, 어쩌면 어린이날 비닐에 금붕어를 담아주며 푸근하게 웃던 그 아저씨가 사장님은 아니었을까 하는 생각이 스쳤다. 뒤이어 마음 깊은 곳에서 벅차고 뭉클한 감정이 차올랐다. 일면식도 없는 한 꼬마에게 이렇듯 오래도록 기억에 남는 아름다운 추억을 만들어 줄 수 있는 있다니….

돈을 많이 벌고 높은 자리에 올랐어도 따뜻한 말, 행동 하나 제대로 할 줄 몰라 주변 사람들에게 외면당하고 쓸쓸한 노후를 보내는 이들도 적지 않은데, 지나가는 인연에 불과한 아이들과 이웃 주민들에게 이렇게 사랑과 선의를 베풀 수 있는 사장님이 여느 역사 속 위인과 영웅들보다 위대하고도 가깝게 느껴지는 순간이었다.

어느 날 사장님 근황이 궁금하기도 하고 감사 인사를 전하고 싶어서 어릴 적 살던 그 동네를 찾아가 보았지만, 아쉽게도 베들레헴 베이커리 자리에 대형 편의점이 새로 들어와 있었다. 가게를 이전하신 건지, 아예 은퇴하신 건지 사장님의 행방을 알 수도 없고 지금 어디서 어떻게 사시는지도 모르지만, 그저 베푸신 만큼 항상 행복하고 건강하게 사시길 진심을 다해 기도했다. 그리고 나도 그렇게 베풀 수 있는 사람이 되게 해달라고 함께 기도했다.

만만이

초등학생 시절, 나의 꿈은 만화가였다. 만화영화를 너무 좋아했던 나는 틈만 나면 공상 속으로 빠져들어가 어디서 보고 읽고 들은 것들을 이리저리 조합해 만화들을 그려냈다. 그림 솜씨가 꽤 괜찮은 편이어서 친구들로부터 그 당시 인기가 많았던 세일러문, 웨딩 피치 만화 속 캐릭터들을 그려달라는 요청을 많이 받았는데, 나에게는 그냥 남의 그림체를 그대로 베껴서 그리는 것보다 내가 창작한 인물과 이야기를 그려서 보여주고 친구들의 반응을 보고 듣는 것이 훨씬 뿌듯하고 재미있었다. 친구들로부터 '재밌다', '꼭 만화가가 되서 사인해줘야해' 이런 이야기를 들을 때마다 만화가가 되고 싶다는 꿈은 점점 커져갔지만 2000년대 초만 해도 만화가는 돈을 못버는 직업이라는 인식이 강했던 때라 부모님의 격렬한 반대를 이기지 못하고, 결국 만화가가 되겠다는 꿈은 접은 채 일반적인 고교 생활을 이어나가고 있었다.

그러던 어느 날 '카트라이더' '큐플레이' 등의 메가히트작으로 10대들의 용돈을 거덜내던⑦ 넥슨에서 '누구나 만화가가 될 수 있다'는 슬로건으로 '만만이'라는 서비스를 출시했다는 소식

181

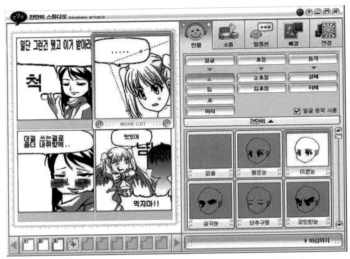

만만이 스튜디오 (이미지 출처: https://m.gamemeca.com/view.php?gid=54428)

을 접하게 되었다. 만만이는 종이와 펜이 없어도 이미 만들어
진 소품, 인물, 말풍선 등의 컴포넌트를 조합해서 만화를 만들
고 웹에 게시할 수 있는 서비스였다.

　지금이야 웹툰이 보편화되어서 아마추어부터 프로 작가까
지 다양한 사람들이 작품을 올리고 독자와 커뮤니케이션하는
것이 일상적이지만, 그때만 해도 만화를 연재할 수 있는 플랫
폼이라고는 출판사를 통한 잡지 연재 또는 단행본 출간 밖에는
없었다. 이루지 못한 꿈에 대한 미련과 아쉬움이 남았던 나에
게, 만만이는 너무나 신박하고 반가운 서비스였다.

들뜨고 설레는 마음을 안고 만만이에 첫 작품 연재를 시작하고 뒤이어 2, 3회차를 꾸준히 업로드하자 내 작품에도 사람들이 반응하기 시작했다. 추천과 댓글수가 늘어나더니 어느덧 회차마다 20~30개가 넘는 댓글이 달렸다. 그러던 중 서비스 메인 화면에 내 작품이 추천 작품으로 소개된 것을 보게 되었다. 추천 작품으로 소개된 이후에는 더 많은 독자들이 유입되어 업로드 하는 작품마다 댓글이 100개씩을 넘어갔고, 어느새 인기작가가 되어 올리는 작품마다 인기작품으로 랭크인 되곤 했다.

비록 작품 연재로 생계를 이어가는 정식 만화가는 아니었지만, 당시의 나는 거의 만화가와 같은 삶을 살고 있었다. 주로 내 또래였던 온라인 독자들은 내가 연재하는 작품의 작중 인물과 스토리에 대해 활발한 분석과 토론을 벌였고, 시험기간 등으로 연재가 늦어지면 댓글로 독촉을 하기도 했다. 심지어는 개인 블로그에 내 작품 홍보글을 올리거나 뮤직비디오를 만들어 올리는 등 다양한 방법으로 팬심을 표현하는 독자들도 있었다. 뿐만 아니라 그 곳에서 알게 된 작가들끼리 공동연재를 하기도 하고, 서로의 작중 캐릭터를 가져와 패러디 작품을 만드는 등 작가들과의 교류도 활발했다.

이후 안타깝게도 서비스가 종료되고 현재의 네이버 웹툰의 전신인 '네이버툰'으로 재출시되었는데, 만만이에서 많은 인기와 팬층을 얻은 작가들이 네이버툰으로 옮겨와 연재를 지속했다. 지금 와서 생각해보면 정말 만화가라는 꿈을 쉽게 이룰 수 있게 해 주었던 대단한 서비스였던 것 같다. 전달하고 싶은 이야기가 있고, 정말 기초적인 컴퓨터 스킬만 있다면 누구나 쉽게 작품을 연재하고, 독자들과 소통할 수 있었으니 말이다.

이후 IT서비스 기획에 발을 담그게 되면서 '고객중심서비스' '사용자 경험'(User Experience) 등을 공부할 때 이 만만이에서의 이용경험이 좋은 사용자 경험의 기준이 되어 주었다. '누구나 만화가가 될 수 있다'는 서비스 핵심효용과 가치가 서비스 플로우 전반에 녹아져 있을 뿐만 아니라 작가이면서 동시에 독자이기도한 사용자들이 만화 창작물을 중심으로 활발히 교류하고 소통할 수 있도록 동기를 부여하는 장치들을 정말 세심하고 매력적으로 잘 설계해 두었기 때문이다.

그 첫번째 장치로는 추천 작품 큐레이션이 있다. 추천 작품에는 정말 다양한 장르의 작품이 소개되었는데, 비단 인기작가의 작품에 국한되지 않았다. 정말 연재 초반의 작품이더라도 될성부른 작품이라는 판단이 서면 서비스운영팀에서 간단한 소개문구와 함께 작품을 예쁘게 채색하여 메인홈 배너 영역에 게시해주는데, 그 큐레이션을 통해 인기작품으로 발돋움하는 케이스가 많아서인지 추천작품에 소개될 때까지 소재를 바꿔가며 프롤로그만 여러개 올려보는 사용자들도 꽤 있었다.

두번째는 작가 중심의 서비스다. 만만이에서 인상 깊었던 것은 인기작가들을 대상으로 한 인터뷰를 메인 페이지에 연재하는 것이었다. 서비스 밖에서는 일개 중고등학생에 불과한 사용자에게 이보다 더 큰 상이 있을까. 그 이후로 인터뷰에 소개된 작가들이 연재를 더 열심히 한 것은 너무나 당연한 결과였다. 마지막으로 활발한 툴 업데이트인데, 만만이에서는 아무래도 자유롭게 그림을 그리는 게 아니라 이미 만들어진 컴포넌트를 조합해서 한 컷 한 컷을 완성하는 방식이다 보니 배경이나 인물을 표현하고 연출하는 데 기존 소품, 배경 등으로는 한계가 있었다. 그래서 작가들은 우산, 테이블, 공, 이런 아이템들을 조합해 옷을 만들거나 신체 일부를 표현하는 식의 기발한 창작을 하곤 했는데 이런 불편들을 이해하고 사용자들이 요구하는 아이템들을 주기적으로 업데이트 해주었다.

후일담으로 들은 이야기인데 인기작가 중 한 명이 이 서비스의 개발자였다고 한다. 그래서 이렇게 사용자 입장에서 몰입도 높은 서비스 운영이 가능하지 않았나 싶다.

이렇듯 살아오면서 어떻게 이런 생각을 했지? 감탄한 순간들이 머릿속을 스쳐 지나간다. 나를 이루는 잘 닦여진 수많은 세심함과 배려들에 감탄하고 감동했던 경험들이 나도 모르게 차곡차곡 내 안에 쌓여서 누군가에게 돌려주게 되었을 때 그것에 공명하는 사람과 주고받는 공감의 희열과 기쁨, 나의 조그마한 세계가 그로 인해 확장되는 경험, 그 경험들이 모여 오늘의 나를 만들었고, 나 또한 그렇게 살아가라고 명하고 있다.

비록 오늘의 나는 속도와 비용이 생명인 푸드딜리버리 회사에서 어찌보면 사용자의 가게 선택과 주문을 돕는 비교적 경험의 임팩트가 낮은 서비스를 만들어가고 있지만 가게를 정성스럽게 운영하고 자부심을 가지고 근면성실하게 일하는 업주들의 성공과, 바쁜 일상을 보내는 대한민국 국민들의 배부르고 만족스러운 한 끼를 위한 고민을 이어나가고 있다.

물론 완전히 사용자 입장에서만 최상의 경험을 고민해서는 안되고 정부, 투자자 등 다양한 이해 간의 밸런스를 고려해 최적의 해(解)를 찾아야 하는 일이지만, 내 업의 본질은 누군가의 수고로움과 불편, 아픔에 공감하고 그것을 해결해주는 일임에는 틀림 없다.

누군가의 삶의 태도, 인식, 방향이 전환되는 그 시작점을 위해 오늘도 고민을 이어가는 일, 그것이 기획자가 된 나의 일이다.

8 배민으로 오게 된 프로 이직러

○ 혹시 이직을 고민한다면
○ 이력서 쓰는 법
○ 어쩌죠? 이직은 엄두가 안나는데

_이상운 (지금은 이벤트 도메인 PM)

'운' 좋게 IT업계에 발을 들였는데, '운' 좋게 기획 일을 하게 됐습니다. 여행 스타트업을 시작으로 여행사, 소셜 커머스, 온라인마켓을 거쳐 배민에 왔습니다. 기획 일만 14년 넘게 했는데, 여전히 쉬운 일이 없습니다. 앞으로도 그럴 것 같아요. 그럼에도 오늘도 뚜벅뚜벅 할 일을 하면 된다고 생각하는 '노력 지향형 기획자' 입니다.

혹시 이직을 고민한다면

2008년 1월 겨울, 첫 직장으로부터 합격 통지를 받았던 기억이 지금도 선명합니다. 공익근무를 마치고 집으로 돌아가는 저녁시간 버스 안에서 문자를 받았습니다. 합격 축하 메시지와 함께 출근 관련 정보가 적혀 있었습니다. 훑어보고 또 보고, 여러 번 봤습니다.

"나한테 온 문자가 맞나?"

설레고 좋아서 심장이 두근거리고 입꼬리는 자꾸만 올라가는, 기쁘면서도 긴장되는 묘한 기분이 들었습니다. 늦은 오후, 퇴근 시간과 겹치지 않아 한가했던 버스 안 풍경과 바깥의 찬공기로 인해 하얗게 성에 낀 창문도 또렷하게 기억합니다. 집에 있는 동생에게 전화를 걸었습니다. 서둘러 가족들에게 알리고 싶은 마음이 컸던 것 같습니다. 아마도 축하한다는 말도 듣고 싶었을 것 같기도 해요. 동생이 전화를 받았습니다.

"나 합격했어!"

"어! 진짜!? 축하해!

약간 무미건조한 회답. 찐남매는 어쩔 수 없습니다. 그래도 축하한다는 말을 들었으니 그걸로 됐습니다. 집에 도착해 저녁밥을 먹으면서 이런 저런 얘기를 이어서 나눴습니다. 아마도 그날 밤에는 잠을 제대로 못 잤을 겁니다.

출근하고 일을 배웠습니다. 신입사원이 하는 일이라는 게 대단히 어려운 일은 아니었습니다. 죄다 모르는 일 뿐이라서 허둥지둥 시키는대로 열심히 했습니다. 회의시간마다 회의록을 열심히 받아 적고 정리했던 기억이 납니다. 처음에는 회의에서 오가는 얘기를 못알아 들어 노트에 몇 개 단어만 적어두고, 당시 신입사원인 저를 챙겨주시던 '주임'님께 따로 찾아가 물어 보기도 했습니다. 사실 아는 게 거의 없다는 게 맞는 것 같습니다. 거의 대부분의 일을 어깨넘어 배우고 이해할 수 있었던 것 같습니다. 그렇게 수 개월이 지나서 업무에 익숙해질 무렵, 아마도 그 때부터 진지하게 고민을 시작한 것 같습니다.
"이직을 해야겠어… 이대로 한 회사에 내 미래를 고스란히 맡기면 안될 것 같아…"

첫 직장은 대기업 자회사로, 당시에는 유망한 이러닝 업계의 선두를 다투는 회사였습니다. 지금도 회사 이름을 말하면 많은 사람들이 금새 떠올릴 수 있을 만한, 많은 사람들이 입사를 희망하는 안정적인 회사입니다. 저 역시 사회적인 분위기와 회사의 안정적인 면에 이끌려 입사지원을 하게 됐고 운좋게 합격할 수 있었습니다. 그런데 일에 익숙해지는 시기부터 고민이 생긴겁니다. 단순하고 반복적인 업무가 회사생활의 많은 부분을 차지한다 생각하게 되었고, 꼭 맞는 톱니바퀴처럼 돌아가는 일상으로 인해 성장에 대한 고민과 불안한 마음이 점점 커지기 시작했습니다. 너무나 안정적인 환경이 내 미래에 대한 고민을 조금 더 진지하게 시작하도록 만든 것입니다. 이대로 지금과 같이 산다면 성장할 수 없겠다는 위기감을 맞닥뜨리고, 내 미래를 누군가에게 위탁한 상태로 살아가야 할 수도 있을 것이라는 불안감이 머리를 잠식했습니다.

내 미래의 모습을 머릿속에 그릴 때면, 드라마에서나 볼 수 있던 만년 대리와 만년 과장의 모습이 머리에 떠 오르기 시작했습니다. 한 회사를 수십 년씩 다니면서 나 자신을 오롯이 한 조직에 맡겨야 하는 미래를 상상할 때마다 머리가 아팠습니다. 어느새 회사생활은 즐겁지 않았고, 견디고 고민하는 시간이 늘어나 괴로운 순간을 자주 마주하고 있었습니다.

이직에 대한 고민을 이어가던 어느 날, 우연히 회사 동료

몇 명이 새로운 인터넷 벤처 사업에 합류한다는 소문을 들었습니다. 건설업을 하시던 사장님이 새롭게 인터넷 사업을 시작하려는데, 동료 몇 명이 합류하는 것을 결정했다는 소문을 듣게 된 것입니다. 이때가 기회다 싶었습니다. 입사를 위한 테스트에 참여할 수 있었고, 우여곡절 끝에 초기 멤버로 합류할 수 있게 됐습니다.

어떻게 보면 운이 좋았던 것 같습니다. 매우 우연한 기회에 운좋게 이직할 수 있는 기회를 만났으니까요. 그러나 과정이 수월하지는 않았습니다. 소문을 찾아 수소문해 연락하고, 지원하고, 테스트를 거친 후 여러 차례 면접을 보는 과정을 몇 주에 걸쳐 진행하는 것이 말처럼 수월하지는 않았습니다. 절박했던 만큼 합격하는 순간까지 매우 초조한 시간을 보냈던 기억이 납니다. 그래도 간절한 시점에 새로운 기회를 만날 수 있었고, 시간이 지나서 이런 얘기를 할 수 있게 됐다는 것이 저에게는 매우 큰 행운이라는 생각을 하게 됩니다.

이렇게 스스로 선택하고 결정한 '이직다운 이직'을 처음으로 경험하게 됐습니다. 사실 공익근무 전에도 여러 일을 경험했기 때문에 '첫 이직'이라고 말하기 어려운 부분도 있지만, 제 삶의 가장 큰 부분을 차지하는 '기획자'라는 직업을 가질 수 있도록 물꼬를 터준 첫번째 선택이자 이직이라서 나름대로 큰 의미를 부여하게 되네요. 이 때부터 제 삶의 많은 부분이 바꼈습니다. 이때는 이직에 성공했다는 것 만으로, 톱니바퀴 같은 반복되는 일상에서 벗어날 수 있게 되었다는 사실이 마냥 좋았습니다. 새로운 도전을 할 수 있게 된 것, 내 인생의 중요한 결정을 스스로 선택할 수 있었다는 사실이 매우 뿌듯하고 자랑스러웠습니다.

우리는 새로운 회사를 대전에서 시작했습니다. 투자를 제안한 사장님의 사무실이 대전에 있었기 때문입니다. 회사에서 제 '공식적인' 역할은 디자이너였습니다. 그런데 명확한 사업방향도 없고 특별한 아이템도 없는 초기 벤처 회사의 디자이너는 여러 가지 역할을 소화할 수 있어야 했습니다. 사업방향을 결정하는 회의에도 참여해야 하고, 아이템 발굴을 위한 아이디어 회의에도 참석해야 했습니다. 사업계획을 시작하면서부터는 시장조사도 해야 했고, 서비스를 구체화하는 회의, DB 설계 회의에도 참여해야 했습니다. 사업 초기에는 사업계획서 장표도 많이 그렸고, 그만큼 수정도 많이 했습니다. 디자인 시안도 참 많이 그렸습니다. 뭐든 사업 방향이나 아이템이 명확해지기 전까지 이런 과정을 여러 차례 반복해야 했습니다.

종종 대외적인 발표 자리에 서야 하는 경우도 있었습니다. 공공기관 프로젝트를 수주해 진행하면서 시안과 기획서를 들고 클라이언트와 미팅을 다니기도 했습니다. 이 외에 여러 잡무도 많이 했습니다. 우리가 만든 서비스를 홍보하기 위해 홍보용 인쇄물과 상품을 만들기도 했고, 홍보용 상품을 들고 거리에서 나눠주면서 사람들의 홀대를 경험하기도 했습니다. 마케팅과 영업 담당자들이 얼마나 고생하고 노력하는 지 알 수 있었던 시기였는데, 고마운 마음을 가져야 겠다고 생각했습니다. 난처하고 당황스런 질문에 등에서 식은 땀을 흘렸던 순간도 여러 차례 있었던 것으로 기억합니다. 그만큼 모르는 부분도 많았고 모자란 부분도 많았던 것 같습니다. 야근과 밤샘에 힘겨운 순간도 많았는데…써 놓고 보니 전부 고생하고 힘들었던 기억으로만 남아있는 것처럼 보이네요. 사실 저에게는 모두 추억어린 행복한 기억들입니다. 그 때는 뭣 모르고 새로운 도전을 할 수 있었습니다. 그러니 무슨 일이든 하던지 즐거웠고 우리가 하는 모든 노력과 활동에 의미와 가치가 있다고 믿었습니다.

많은 고민과 노력 끝에 우리는 사용자 스스로 여행 계획을 만들고 공유하는 서비스를 오픈했습니다. 하지만 아쉽게도 우리가 만든 서비스는 수익을 만들어낼 만한 비즈니스 모델이 명확하지 못했습니다. 그러니 서비스를 유지하려면 추가로 투자를 받거나, 다른 방법을 통해 돈을 벌거나, 돈을 벌 수 있는 서비스로 변화해야 했습니다. 우리가 할 수 있었던 여러 가지 방법을 진행했습니다. 지자체 컨텐츠를 홍보하는 앱을 만드는 프로젝트에 참여하기도 했고, 국내 숙박업소를 홍보하는 서비스를 내놓기도 했습니다.

이런 경험과 활동을 통해 '회사는 돈을 벌어야 하는 공동체'라는 개념을 뼈저리게 배울 수 있었습니다. 내가 받는 월급이 땅파면 나오는게 아니라는 걸 몸으로 부딪혀 가며 배운 것입니다. 이전까지 내가 받는 월급을 스스로 벌어야 한다는 것에 대해 고민해 본 적이 없습니다. 월급은 일한 댓가로 회사에서 당연히 개인에게 지급해야하는 것으로만 생각했는데… 아니었습니다. 적어도 벤처 회사의 초기멤버로서 성공한 미래를 꿈꿨다면 스스로 벌어야 하는 것입니다. 노력만한다고 돈을 벌 수 있는 것이 아니라는 것도 배웠습니다. 돈을 벌 수 있는 방법도 스스로 깨우쳐야 했습니다.

과거 IT 종사자들 중에는 회사생활을 하면서 몇 개월씩 월급을 받지 못한 경우도 더러 있었습니다. 회사와의 분쟁기간 동안 꽤 어려운 시간을 보내는 것을 지켜본 적도 있습니다. 나와 동료들이 만든 회사를 다니면서 월급을 못 받은 적은 없지만 나와 내 동료들이 제 때 월급을 받지 못할 수도 있다는 생각에 뜬 눈으로 밤을 보낸 적도 있습니다.

이런 경험이 저에게는 매우 소중하게 남아있습니다. 회사에서 추구하는 가치는 사용자가 기꺼이 비용을 지불할 수 있어야 합니다. 그리고 기획자라면 본인이 기획한 서비스에 대해서 앞서 말한 회사의 가치와 어떤 연결고리가 있는지 언제 어디서든 설명할 수 있어야 합니다. 회사가 돈을 버는데 본인이 기여하는 부분을 분명히 알고 있어야 한다는 의미입니다.

특히 이직을 준비하는 기획자라면 현재 회사에서 자신이 만든 서비스가 어떤 가치를 만들고 기여했는지 분명하게 설명할 수 있어야 합니다.

사실, 저는 과거의 경험으로 인해 지금도 종종 이런 생각을 합니다.

"아! 나는 사업을 하면 안되겠어…월급쟁이로 가늘고 길게 살아남아야지…ㅎ"

이력서 쓰는 법

우리가 만든 여행 계획 서비스는 PC에서 이용할 수 있도록 웹 서비스로 오픈했고, 입소문을 타면서 사용자 수는 점차 늘어났습니다. 비록 돈을 잘 버는 서비스는 아니었지만 점점 늘어나는 사용자 수와 다양한 반응을 통해 서비스를 만들어가는 재미를 쏠쏠하게 느낄 수 있었습니다.

때마침 아이폰 3G 모델이 국내에 보급되었고 삼성에서도 갤럭시S를 출시했습니다. 모바일 시장이 열린 것이죠. 우리도 서둘러 모바일 앱을 만들어 아이폰과 안드로이드 앱스토어에 등록했습니다. 기대했던대로 모바일 서비스를 오픈한 이후 사용자는 급격하게 늘었고 새로운 기회와 희망이 열린것만 같았습니다. 사용자가 많아진 만큼 광고 수익도 늘었고, 국내숙박 홍보 서비스에 가입하는 펜션과 모텔 사장님도 늘어나기 시작했습니다. 뭔가 더 열심히 하면 성공할 수 있을 것이라는 기대감과 동시에 고되기만 했던 일상에서 소소한 즐거움을 찾을 수 있었습니다.

어느날 서울에 있는 대형 여행사로부터 우리 회사를 방문

하겠다는 연락을 받았습니다. 처음에는 우리가 만든 서비스에 관심이 있어서 투자를 위해 방문하는 것은 아닐까 기대했는데, 아니더군요. 앞으로 여행은 패키지 여행보다 항공과 호텔을 개별로 예약하는 개별 여행이 성장할 것이라 예상할 수 있는 만큼 사용자가 스스로 여행을 계획하고 공유하는 서비스를 신규 자회사를 통해 제공해보고 싶다는 것이었어요. 즉, 우리가 만든 서비스보다는 경험을 갖춘 인력이 필요하다는 뜻이었고, 함께 새로운 서비스를 만들어 보고 싶으니 합류해줬으면 좋겠다는 공식적인 스카우트 제안이었습니다.

서울에서 오신 분들이 돌아간 이후 우리는 거취에 대한 논의를 시작했습니다. 처음에는 단순하게 생각했습니다. 당연히 모두 서울로 올라가 새로운 환경에서 든든한 투자를 받아 그동안의 노하우를 바탕으로 새로운 서비스를 만들어 보고 싶어할 것이라 생각했는데, 아니었어요. 각자의 입장과 생각에는 큰 차이가 있었습니다. 결론적으로 잔류하는 인원과 제안을 받아들이는 인원으로 나뉘었습니다. 저는 서울로 올라가는 것에 동의했고, 그렇게 대전생활을 정리하고 서울로 올라왔습니다.

함께 서울로 이직을 결정한 상사가 물었습니다.

"상운과장! 이력서 쓸 줄 알아?"

"네? 당연히 알죠!?"

"가져와봐! 봐 줄게!"

"네, 잠시만요!"

"에이! 이력서 이렇게 쓰면 안돼…내가 쓰는 법 알려줄테니 앞으로 이렇게 쓰도록 해!"

"아!? 그래요? 넵 알겠습니다. 알려주시면 수정하겠습니다!"

처음에는 회사를 하루 이틀 다닌 것도 아닌데 이제와서 왜 이력서를 봐주겠다는 건지 이해를 할 수 없었습니다. 그리고 분명히 회사에 합류할 때 내 이력서를 봤을 텐데, 지금에 와서 고쳐야 한다고 말하는 건지 이해할 수 없었습니다. 그런데 이력서 폼을 받고 설명을 듣는 과정에서 고개를 끄덕이며 조언을 받아들일 수밖에 없었습니다. 설명을 요약하자면 이렇습니다.

● 이력서는 두 장을 넘기지 말 것

● 자기소개서가 있다면 세 장까지 (단, 구구절절한 장문 금지)

● 맨 앞 장에는 '경력과 핵심역량을 요약'해서 간단하게 기입할 것

● 뒷 장에는 '상세이력을 결과와 역할 중심'으로 한두줄로 정리할 것

- 이력관리는 프로젝트가 끝날 때마다 버전관리를 통해 업데이트 해 둘 것
- 늘 어디로든 떠날 수 있도록 준비해 둘 것

2023년 현재까지 제 이력서는 위에서 말한 원칙을 유지하고 있습니다. 최대 두 장을 넘기지 않고 있고, 앞으로도 큰 변화는 없을 것으로 생각하고 있습니다. 포트폴리오와 이력서를 하나의 파일로 만들어야 하는 경우에는 표지를 제외한 한두장에 이력사항을 기입하고 그 뒷장부터 포트폴리오 내용이 시작됩니다.

주변 사람의 이력서를 봐줄 때도 위 원칙에 따라서 보는 경우가 많습니다. 읽기 편하고 단순한 구성으로 빠르게 판단할 수 있도록 돕는 이력서를 선호합니다. 읽기 불편해서 글이 한눈에 안들어오는 이력서는 바로 덮어 버리게 되기 때문이죠. 눈에 띄기 위해 여러 색상과 크기의 폰트를 사용하거나 이력과는 무관한 이미지를 사용한 경우에는 내용을 보지도 않고 덮게 됩니다. 특이한 구성이 특별한 것이 아닙니다. 잘 정리된 내용으로 읽기 편하고 짧게 구성하는 것이 훨씬 좋습니다.

이력서를 교정해 준 이유는 나중에서야 알게됐습니다. 많은 이력서를 보면서 자신만의 기준이 만들어졌다는 것인데, 제

이력서 역시 그 분의 기준에 미치지 못했던 것 같습니다. 그럼에도 초기 멤버로 합류할 수 있었던 이유는 서류가 좋아서도 아니고 면접을 잘 봐서도 아니라고 했습니다. 면접과 테스트 과정에서 어려운 점이나 대답이 어려운 경우에도 대안을 제시하려고 노력했다는 것이었어요. 이런 면에서 저는 운이 좋았습니다. 이미 이전 회사의 사무실을 오가면서 종종 만나서 안면을 트고 지냈고, 주변 사람들을 통해 내가 어떤 사람인지 알 수 있는 방법이 있었기 때문입니다. 아마도 이력서와 포트폴리오 만으로는 합류가 어려웠을 수도 있겠다는 생각을 나중에 하게 됐습니다.

이력서를 점검하고 나서 며칠 후 한 손에는 커피를 들고 회사 주변 길을 걸으면서 물었습니다.

"부장님, 그 때 저 왜 뽑으신거에요?"

"궁금해?"

"네⋯."

"상운 과장은 '대안을 제시하려 노력한다는 점'에서 점수를 높게 받았어!"

"아하⋯!?"

이력서가 그리 만족할 만한 수준은 아니었지만, 면접 과정에서 간절함과 절박함을 볼 수 있었고, 이후 진행된 실무 테스트 과정에서 다양한 요구와 문의에도 싫은 내색 없이 끝까지 문제를 해결하려는 의지를 높게 평가했다고 했습니다.

대전생활을 정리하고 서울에 있는 새로운 직장으로 출근했습니다. 물론 열심히 정리한 이력서를 제출했고, 힘든 면접도 치뤘습니다. 제안받은 자리라고 해서 쉽게 들어갈 수 있는 건 아니었습니다. 1차 실무자 면접, 2차 임원 면접, 마지막으로 회장 면접까지 모든 면접이 진행되었고, 순간순간 머리가 하얘지고 등에는 식은땀이 흘렀지만 무사히 서울에 있는 새로운 사무실로 출근할 수 있었습니다. 서울에서 첫 출근 도장을 찍은 날부터 우리는 또 다시 시장을 분석하고, 아이디어 회의도 하면서 새로운 사업계획서를 만들었습니다. 새로운 회사에서 새로운 서비스에 대한 고민을 시작을 하게 된 것입니다.

포트폴리오는 첫인상

채용을 위해 기획포지션 지원자의 포트폴리오를 꼼꼼하게 살펴보다 보면 이력서를 다시 한 번 찾아보게 만드는 경우가 있습니다. 이력서에서 지원자의 전반적인 경력을 요약한 내용을 볼 수 있다면, 포트폴리오는 지원자가 어떤 과제를 어떻게 진행했는지 조금 더 상세한 내용을 알 수 있습니다. 그래서 잘 작성된 포트폴리오는 지원자를 매력적으로 만들어 줍니다. 지원자에 대한 호기심을 불러 일으키는 것이죠. 어떻게 이런 아이디어를 생각할 수 있었고, 어떤 과정을 통해 서비스를 만들 수 있게 된 건지 이야기를 듣고 싶게 됩니다. 여기까지 성공하면 이력서와 포트폴리오는 제 역할을 다한 겁니다. 면접으로 이어질 수 있도록 만들었으니까요.

"정확히 이해가 안되는데, 조금 더 구체적으로 설명해주실 수 있을까요? 목적이나 목표…왜 그런 서비스를 만들게 된 건가요?"

"아…그러니까…이 과제는 이렇게 진행했는데, 정확히 기억이 안나네요…"

"아하…네…알겠습니다."

아쉽게도 제가 만나 본 지원자 중 상당수가 자신이 진행한 과제를 나열하는 정도로만 포트폴리오를 구성합니다. 이력서 맨 마지막에 들어가는 '위 기재사항은 사실과 틀림없음' 같은 뉘앙스로 그저 과제를 정리한 포트폴리오가 정말 많습니다. 지원자의 특색, 장점, 성향을 찾아볼 수 없습니다. 서류를 검토한 담당자가 궁금한 점이 있어야 직접 얼굴을 보고 질문을 하고 싶은 마음도 생기는 것인데, 그런 면에서 단순히 날짜나 과제 순서대로 나열한 포트폴리오는 구직자를 매력적으로 만들어줘야 하는 본연의 역할을 제대로 하지 못한 것이라 말할 수 있을 것 같습니다.

어느새 저는 여행사에서 소셜커머스의 항공 서비스 담당자로 이직했습니다. 여행사에서 항공과 호텔 예약서비스를 기획하고 운영했던 경험을 바탕으로 소셜커머스에 서류를 넣었고, 역시나 운이 좋게 이직할 수 있었습니다. 회사 분위기에 적응하고 업무에 익숙해질 무렵부터 업무가 빠르게 늘어났고 업무를 담당해줄 동료가 필요했습니다. 경력직 채용이 진행됐고 다양한 이력서와 포트폴리오를 받아 볼 수 있었습니다.

사실 회사사정으로 인해 채용이 원활하게 진행되지 못하면서, 생각보다 더 많은 이력서와 포트폴리오를 검토하게 되었습니다. 면접도 수십 차례 진행했던 것으로 기억합니다. 항공 메타서치 서비스 기획자를 채용하기 위한 것이었는데, 우리가 진행한 면접을 통해 최종적으로 합격한 분이 다른 부서로 발령나는 아쉬운 사건도 있었던 것으로 기억합니다.

- 재미있는 아이디어인데 목적과 목표를 명확하게 정리한 경우
- 평범한 과제인데 요점을 명확히 정리한 경우
- 포트폴리오 자체적으로 구성이 깔끔하게 재미있게 정리된

경우

● 프로젝트 목적과 목표가 명확한데 성과까지 간단하게 소개
한 경우

● 평범한 과제일지라도 데이터에 의한 판단이 함께 기입된 경우

많은 이력서와 포트폴리오를 검토하면서 나름의 기준이 생겼습니다. 위와 같이 적어 놓고 보니 여러 기준에 따라서 이력서를 구분하고 있었네요. 다시 한 번 강조하지만 포트폴리오에서는 작성자의 개성과 성과를 재미있고 쉽게 파악할 수 있도록 만들어야 합니다. 간혹 과제와는 전혀 관계없는 이미지나 문구를 넣어서 장표를 의미없이 늘리는 경우를 봤습니다. 혹시나 그런 이력서나 포트폴리오를 생각하고 계시다면 당장 **빼야** 한다고 조언드리고 싶습니다. 포트폴리오를 보는 채용담당자 혹은 실무자의 입장이 되어 생각해보시면 바로 알 수 있을 꺼에요. 업무와 아무 관계도 없는 엉뚱한 이미지나 문구를 보고 싶을지….

신입사원 면접은 어떻게

경력이 없는 신입사원 역시 기획자로 취업을 하려면 이력서와 포트폴리오를 잘 준비해야 합니다. 일단 서류에서 통과해야 면접을 볼 수 있으니 말이죠. 저는 함께 일할 동료를 찾기

위해 많은 이력서를 받아보기도 했고, 반대로 여러 회사에 지원하면서 이력서를 내보기도 했습니다. 어떤 때는 누군가의 이력서와 포트폴리오를 보면서 함께 일할 동료를 채용하는 자리에 있었고, 어떤 때는 누군가의 동료가 되기 위해 서류와 면접을 준비하기도 했습니다. 이런 경험을 통해서 서류와 면접에 대한 기준이 조금 더 분명해졌습니다.

소셜 커머스 회사에서 온라인 마켓으로 이직한 후의 일입니다. 여행 카테고리 담당자로 새로운 회사에 이직한 것이죠. 이전 회사에서 함께 일한 동료들의 추천으로 이직을 할 수 있었습니다. 새로운 회사에서 적응하고 업무에 익숙해진 후 기획 부문 신입사원 공채 면접에 참여하게 됐습니다. 신입사원 면접은 처음이었습니다. 경력직 면접은 수 차례 봤지만 신입 채용은 처음이라 어떤 기준으로 판단해야할지 고민이 됐습니다. 그들에게는 이전에 다닌 회사가 없으니 이전에 과제나 프로젝트도 없는 경우가 많을 테니 말입니다. 다만 제 걱정이 기우였던게, 인사팀에서 면접 방법을 잘정리해서 설명하는 자리를 마련해주더군요. 주의깊게 들었습니다.

신입사원 채용과정은 큰 부담감이 있었습니다. 서류통과 여부를 판단해야 할 지원자가 스무 명 정도 됐는데, 이제 사회

생활 첫발을 내딛는 누군가의 인생이 걸려있다고 생각하니 매우 신중해질 수 밖에 없었습니다. 물론 스무명의 지원자들이 제출한 서류를 두 명 이상이 검토하고, 이들의 판단이 서류 통과에 반영됩니다. 그래도 매우 부담이 되더군요.

하루 종일 지원자들의 글을 읽고 열심히 답을 달았습니다. 그렇게 서류 통과자들이 나왔습니다. 서류를 통과한 분들은 며칠 후에 면접자리에서 만나게 되는데, 면접을 기다리는 며칠 동안 이런 저런 생각이 들었습니다.

"신입사원 면접은 될 수 있으면 안하는게 좋겠다. 경력직 면접과는 전혀 다른 무게감이 있어…혹시나 내가 잘 못 판단해 누군가의 사회 첫걸음을 망쳐 놓은 건 아닐까?"

지나고 보니 이런 생각은 기우에 불과했습니다. 신입 공채 면접은 상호 보완적인 구조로 되어 있어서 한사람의 면접 진행자의 판단에 의해 결정되지 않는 구조로 되어 있었으니까요. 그러나 여전히 무거운 책임감을 갖고 면접자리에 앉았습니다.

10명의 지원자를 두 명 씩 다섯번의 면접을 진행했습니다. 면접관과 지원자가 두 명 씩 총 네명이 마주 앉아 면접을 진행했습니다. 잔뜩 긴장한 얼굴을 하고 자리에 앉은 지원자를 향해 가장 먼저 가벼운 질문을 하면서 자리를 부드럽게 만들어 봅니다.

"우리가 면접자와 지원자로 서로를 알아보기 위해 이 자리에 앉아 있지만 그 과정은 대화로 이뤄져야 한다고 생각합니다."

이런 저런 가벼운 대화를 하다보면 지원자들은 조금 더 편안하게 자신이 준비한 얘기를 하게 됩니다. 그렇게 총 두 명의 합격자가 선발되고, 며칠 후 2차 임원 면접이 진행됩니다. 제 역할도 여기서 마무리됐습니다.

신입 지원자들과의 면접에서 아쉽고 안타까웠던 부분은 자신의 경험을 충분히 표현하지 못한다는 것입니다. 긴장한 탓도 있지만 충분히 고민하지 못한 결과가 많았습니다.

"그래서 그 프로젝트는 어떻게 되었나요?"

"아… 그렇게 마무리 됐습니다."

"그렇군요!? 이렇게 해볼 수 있었을 텐데, 그 다음에는 진행이 안되었나 보군요?"

"네…."

"아! 그래요? 과정 중에 깨달은 점이나 결과가 어떻게 된 것인지 설명해 줄 수 있나요?"

"음…(대답없음)"

"그건 본인이 한 게 아닌 것 같은데, 본인이 한게 맞나요?"

"아뇨, 교수님이 해주셨어요"

"아!? 그래요…!?"

신입의 경우 업무나 과제를 진행한 경험이 없거나 적으니
서툰 것이 당연합니다. 물론 규모나 사업성 같은 것도 중요하
지 않습니다. 하려던 것이 무엇이고 어떤 의도를 담아 진행한
것인지, 그 안에서 무슨 역할을 했고, 어떤 결과를 만들었는지,
그 과정에서 배운 점은 무엇인지 설명할 수 있어야 합니다. 그
중에서 중요하다고 할 수 있는 것은 과정을 어떻게 이끌었고,
결과에 어떻게 도달했는지 정리해서 설명할 수 있어야 합니다.
하지만 아쉽게도 많은 지원자들이 엉뚱한 얘기를 늘어 놓는 경
우가 많습니다.

신입 채용을 진행하면서 흥미로웠던 점은 많은 지원자들이
상업적인 목적의 기획보다는 공익적인 기획을 많이 했다는 점
입니다. 학교에서 그렇게 준비해줬는지 모르지만 공익을 목적
으로 누군가를 돕기 위해 고민하는 부분은 매우 인상적이었습
니다.

어쩌죠? 이직은 엄두가 안나는데

이직 자체를 힘들어하거나 어려워하는 사람들이 있습니다. 첫 직장의 재직기간이 길거나 애사심이 깊은 그들에게는 이직에 대한 어떤 말로도 설득할 수 없는 경우가 많습니다. '다른 사람 또는 조직이 개인을 책임질 수 없다'고 생각하는 제 입장에서는 이해하기 어려운 부분이 있지만, 그들의 선택인 만큼 그대로 존중되어야 한다고 생각합니다.

이직하는 과정에는 여러 어려운 점이 있는 것도 사실입니다. 가장 먼저 출퇴근 시간과 경로가 바뀌는 사소한 문제가 있습니다. 또, 출근하는 사무실이 있는 건물 위치와 층수가 바뀔 수도 있고, 새로운 환경과 새로운 사람들을 만나 적응해야 합니다. 새로운 일과 업무방식에도 익숙해져야 합니다. 이런 부분들이 사소해 보이고, 별 것 아닌 듯 생각하는 분들이 있을지 모르지만 사실 이런 부분에는 많은 시간과 노력이 필요합니다. 저는 이런 시간과 과정을 신뢰를 구축하는 순간이라고 생각합니다. 제 경우에는 이직을 할 때마다 수 개월에서 약 일년 정도 시간이 필요했습니다. 새로운 환경과 동료들에 스며든다는 건 매우 중요한 부분이고, 직장생활에서 가장 어려운 부분이기도 합니다. 그럼에도 불구하고 이직에는 장점이 더 많다는 게 제 결론입니다. 모든 것이 새롭다는 건 다르게 말해서 더 다양한 세상을 경험을 할 수 있다고 말할 수 있기 때문입니다.

혼자서 해외여행을 다녀보면 피부로 느낄 수 있는 경험이 있습니다. 여행지에서 만난 그곳의 원주민들로부터 완전한 이방인이 되는 것입니다. 이방인으로써 완전히 새로운 환경을 경험하고 적응하는 것은 내가 얼마나 작은 존재인지 경험을 통해 느낄 수 있게 해주고, 그들과의 어울림을 통해 서로 다른 존재로서 존중과 이해와 타협이 필요하다는 것을 깨닫게 됩니다. 나 혼자서는 살아갈 수 없다는 것도 배울 수 있습니다.

여러 면에서 이직과 여행은 공통점을 갖고 있는 듯 합니다. 새로운 환경을 만나서 적응하고 어려움과 두려움을 극복하는 것, 어느 정도 시간이 흐르면 그곳에서 성과도 만들어야 합니다. 어떨 때는 초조하기도 하고 쫓기는 기분이 들기도 합니다. 실패했을 때 낙오자가 될 수도 있다는 두려움은 초조하고 조바심을 느끼게도 하지만, 이런 어려움을 슬기롭게 극복하기 위해서는 새로운 환경과 사람들에게 적응해서 신뢰를 구축하는 것이 최선이라고 할 수 있을 것입니다.

제가 생각하는 이직의 기술은 '이력과 기능'적인 부분이 아니라 '적응과 신뢰'에 더 가까운 것 같습니다. 경력직이라면 당연히 본인 포지션의 기능과 기술을 자세히 아는 것이 매우 중요합니다. 하지만 오랜 경력과 경험을 갖고 있는 사람에게는 새로운 환경과 사람 간의 관계에서 거리를 좁히는 부분이야 말로 이직을 엄두도 못내는 가장 큰 어려움은 아닐까 생각합니다.

반대로 이직을 어려워하는 분들 중에는 현재의 환경에서 벗어나는 것에 대한 두려움이 있을 수 있습니다. 이런 분들에게는 이직은 데미안에서 말 하는 '줄탁동시'와 같은 것이라고 말씀드리고 싶습니다. 내가 가진 환경과 생각을 깨고 나와야 다른 대상을 만날 수 있습니다. 그렇다고 무턱대고 아무 일이나 아무 직장으로 이직하는 것을 말씀드리는 것은 아닙니다. 이직이 두렵다면 연습하듯 면접을 보면서 이직을 준비하는 것도 방법이라고 생각합니다.

이직을 위한 준비

이직에 우선적으로 필요한 건 마음가짐과 의지입니다. 위에서 말한 여러 가지 어려움과 두려움을 이겨내고 행동해야 하는 것이죠. 생각만 하고 행동이 없으면 '말짱 도루묵'이 됩니다. 물론 그전에 원하는 포지션에 필요한 기술이나 기능은 기본적으로 어느 정도 갖추고 있어야 합니다. 예를 들어 안드로이드 앱 개발 포지션에 서버 개발자가 지원하는 경우가 흔하지는 않을 겁니다. 아마 없겠죠. '마음가짐과 의지'라고 말씀드린 건 '능력'이 갖춰진 이후를 전제합니다.

IT 업계에는 이직이 잦습니다. 연봉, 지연, 학연, 환경 등 다양한 이유로 이직을 합니다. 세계적으로 IT 기술의 역할이 확장되면서 관련 산업과 시장이 빠르게 성장했고, 우리나라 역시 IT인력에 대한 수요가 크게 늘어난 것도 IT업계 종사자들의 이직을 부추기는 원인이라고 할 수 있습니다. 또, 이직을 쉽게 할 수 있는 산업의 분위기도 한 몫 한 것이라고 생각합니다. 정말 많은 IT업계 종사자들이 이직을 하는데, 그들은 이직을 준비할 때 무엇을 준비할까요?

기획자의 입장에서 말하자면 '산업에 대한 이해도'가 반드시 필요하다고 강조하고 싶습니다. 현재 다니는 회사는 어떤 산업에 있고 그에 대해 본인이 이해하고 있는 것이 얼마나 되는지 확인해 보셨으면 좋겠습니다. 기획자라면 본인이 어떤 산업에서 무슨 일을 하고 있는지 반드시 알아야 하고 내가 속한 산업이 어느 방향으로 흘러가는지 어떻게 작동하는 지 이해하는 것이 매우 중요합니다. 여행 서비스를 기획한 경험을 바탕으로 몇가지 예를 들면 아래와 같습니다.

- 국내시장으로 해외 OTA 진출
- 국내 여행사 경쟁력 재고
- 패키지 여행 시장 축소와 개별 여행의 확장
- 영어와 온라인 서비스에 친숙한 세대의 여행
- 개별 항공 수요 확대에 따른 항공 서비스 확장
- 글로벌 호텔 온라인 예약 서비스의 확장
- 온라인 메타 서치 서비스 성장과 글로벌 경쟁
- 네이버, 카카오 등 대형 온라인 서비스의 여행 서비스
- NO JAPAN 운동에 따른 일본여행 축소
- 더욱 다양해지는 여행 수요와 트랜드
- 상품과 정보의 결합
- 코로나-19
- 여행업의 위기

　　크게 기억나는 것을 위와 같이 나열해 봤습니다. 국내 여행 산업에 영향을 미친 사건과 뉴스는 훨씬 많을 것입니다. 그 안에서 방향을 잡고 선택하는 경험을 '산업에 대한 이해도'라고 말하고 싶습니다. 개인이 산업과 사회에 대한 모든 부분을 알 수는 없겠죠. 다만 맥락을 이해하고 그 안에서 방향과 과제를 선택하는 경험을 통해 습득한 지식이 중요한 것이라고 말씀드리고 싶습니다.

혹시 현재 다니는 회사의 매출과 영업이익이 얼마나 되는지 알고 계신가요? 회사의 성장에 대한 본인과 팀의 기여도는 얼마나 되는지 알고 계신지 궁금합니다. 명확하게 숫자로 알고 있으면 좋겠지만, 모르는 분들도 있을 것입니다. 매달 확인하는 것도 귀찮고 번거로울 수 있습니다. 그런데 이 부분을 어느 정도 숙지하고 있으면 면접에서 매우 큰 도움이 됩니다.

"이건 어떻게 기획하셨죠?"

"저희 서비스 재작년 거래액이 2,000억 정도인데, 작년 목표는 10% 성장이었습니다. 그 중에 3%를 위해 이 서비스를 기획했고, 대략 00억의 거래액을 목표로 사업팀과 협의 했습니다. 그래서 본 서비스의 목표 대비 00% 성과를 만들었습니다. 잘한점은 00인 것 같고, 못한 점은 ××인 것 같아요….."

그러고 나서 기획에 대한 이해도가 '동반'되어야 합니다. 사실 기획자에게 '기획에 대한 이해도'는 기능에 속합니다. 데이터도 당연히 중요합니다. 그리고 포트폴리오에 목적, 목표, 성과에 대해서 반드시 정리 해두었으면 좋겠습니다. 본인이 어떤 의도로 프로젝트를 진행했고 결과가 어떠했는지, 채용하는 입장에서도 매우 궁금하지만 본인에게도 분명히 도움이 될 것이라 생각합니다.

몇 년간 한 회사에 많은 시간을 들여 업무를 진행하지만, 궁극적으로 이력서에는 한줄 또는 두줄 정도를 추가하게 됩니다. 그 한 줄에 내 노력과 시간을 축약 시켜 표현하는 것이라고 말할 수 있을 것 같습니다. 이력서에는 한두줄 추가되지만, 면접자리에서는 본인의 경험을 꺼내 놓을 수 있는 좋은 매개체가 됩니다. 평소에 잘 정리해두는 것을 추천합니다.

지원자로서도 정말 많은 면접을 봤습니다. 합격도 했고, 불합격도 많았습니다. 그런데 특이나 중요하고 절박한 면접자리에서 머리가 하얗게 되는 경험은 면접 전후로 매우 힘든 시간을 보내게 만들었습니다. 원래 잘알고 익숙한 내용임에도 제대로 설명하지 못해서 면접을 망쳤다는 자책으로 자존감이 바닥을 쳤고 잠도 못 잔 시간도 있었습니다.

제가 판단한 주요 원인은 '소극적인 자세와 마음가짐' 때문이었습니다. 상대가 너무 크게 보여 압도되어 버린 것이 가장 큰 원인이었던 것이죠. 무엇보다 자신감을 갖는 것이 중요하다고 판단했습니다. 그러면 자신감을 가지려면 어떻게 해야할지 고민했습니다. 첫째로 "나는 충분히 내가 기획한 것을 이해하고 있는가?", 두번째로 "충분히 이해하고 있다면 압도당하지 않을 정도로 배짱을 갖췄는가?"였습니다. 마지막으로 "그래도 압도당하면 어떡하지?"였습니다.

사실 처음 질문부터 문제가 있었습니다. 편한 면접자리에서도 제가 기획한 내용을 효과적으로 설명하지 못했으니까요. 예상할 수 있는 질문과 예상하지 못할 질문이 있을 때, 둘 다 내가 생각하는 관점으로 말할 수 있어야 합니다. 당연히 모르는 부분에 대해서는 솔직히 말해야 하지만, 어떤 상황이 되던 충분히 준비하지 못한 것이 원인이었습니다. 제가 생각한 대안은 다양한 사람들에게 반복해서 말해보는 것이었습니다. 그래서 일부러 많은 면접을 찾아 다녔고, 다양한 관점과 질문을 들어 볼 수 있었습니다. 면접에서의 대화를 통해 제가 기획한 것들을 효과적으로 전달할 수 있도록 정리한 것입니다. 저에게는 면접의 노하우를 배우는 자리였지만, 채용자 입장에서도 결코 허투로 보낸 시간은 아니었습니다. 다양한 면접 경험과 질문에 단련된 면접자가 열심히 준비한 내용은 충분히 가치가 있을 수 있기 때문입니다.

두번째 질문도 원인은 같았습니다. 이건 면접을 보는 과정에서 깨닫게 된 것인데, 상대보다 내가 더 잘 안다는 확신이 있으면 주눅들지 않게 되는 경험을 했습니다. 당연히 경력을 갖춘 실무자는 본인이 만든 결과물에 대해 누구보다 잘 알아야 하고, 본인보다 더 잘 아는 사람은 거의 없을 텐데, 저는 어리석게도 그러지 못했습니다. 한참 돌고돌아 깨닫게 된 것이죠. 이 과정에서 조심했던 부분은 거짓말이 되지 않도록 준비하는 것입니다. 제 경험으로는 자칫 잘못된 정보를 얘기하게 되는 경우가 있었습니다. 나중에 번복할 자리도 없을 수 있는데, 잘못된 정보를 제공하는 것이 되니 보다 정확해야 한다고 생각했습니다.

마지막 질문이 문제였습니다. 아무리 심리적인 부분을 준비해도 상대의 지위나 상황에 압도당하는 상황이 발생할 수 있으니까요. 예를 들어 압박면접에서 채용자가 심리적인 압박을 주기 위해 동일한 질문을 반복하는 경우, 본인이 알고 있는 여러 대안을 얘기했지만 그럼에도 다른 대답을 요구하는 경우에는 할 수 있는 대답을 전부 하고 차분하게 더 이상의 대안이 없다고 솔직하게 말하는 편이 좋습니다. 보통 이런 경우에는 면접자의 태도를 보는 경우가 많습니다. 당황스런 상황에서 어떻게 대처하는지를 보고, 조직 내에서 잘 적응할 수 있을지 판단하기 위한 것이라고 말할 수 있을 것 같습니다. 반대로 면접자의 의도와는 관계없이 스스로 마음가짐이 무너진 경우, 제 경우에는 다른 대안이 없었습니다. 사실 이건 방법이라고 보긴 어렵지만, 본인이 한 업무를 꿰고 있으면 해결이 됩니다. 내가 진행한 것에 대해 깊이 파악하고 있는 방법 뿐입니다. 머리가 하얀 순간에도 줄줄 나올 수 있게 준비해야 합니다. 면접이 끝나고 아무 기억도 안나지만 합격했던 경험은 대체로 비슷했습니다. 내가 아는 부분을 구체적이고 세세하게 설명하는 것이 주요했다고 생각합니다.

면접을 준비하다보면 면접관의 생각이 궁금한 것이 인지상정일 겁니다. 상대방의 입장을 이해하고 그들이 할 질문이 궁금한 것이죠. 이런 부분은 보통 말하기 연습을 하는 것과 비슷하다고 생각할 수 있을 것 같습니다. 내 생각을 조리있게 상대방에게 전달하는 연습을 했으면 좋겠습니다. 그러면 조금 더 수월하게 면접에서 통과 할 수 있습니다. 사실 이 부분은 기획자들이 일을 진행하는데 있어서도 중요합니다. 생각을 전달하고 설득하는 것이 우리가 하는 일에서 큰 비중을 차지하기 때문입니다.

물론 같은 맥락에서 글쓰기 능력도 중요합니다. 기획이라는 일을 하면 당연히 글을 많이 써야 합니다. 생각을 전달해야 하니 말하기와 글쓰기는 당연히 해야하는 일이죠.

조금 특별했던 배민 면접질문

배민 지원서를 작성할 때 첫번째 질문이 "본인이 읽었던 시, 소설, 문학, 음악으로 본인을 설명해 보시오"일 겁니다. 다른 어느 지원서에서도 받아보지 못한 배민 만의 특별한 질문이었습니다. 그런데 의외로 이 질문이 어려웠다는 경험을 듣는 경우가 종종 있었습니다. "왜 그럴까?"라고 생각하던 차에 "본인을 설명"이라는 말이 불현듯 생각났습니다. 제 경험을 비춰보면, 평소에 본인을 표현한다는 경험이 거의 없다는 생각을 하게 되더군요. 그냥 나를 소개하는 것이 아니라 다른 소재를 통해서 나를 소개한다는 점이 신선하기도 했고, 누군가에게는 어려움이 있었을 것이라는 생각을 하게 했습니다.

궁금합니다. 이 글을 읽고 계신 본인은 본인이 좋아하는 문학이나 음악 등으로 본인을 어떻게 설명하고 싶은가요? 사실 저는 지원서의 질문에서 한권의 책으로 저를 설명하지 않았습니다. 대신 제 책장 두 칸을 소개했는데, 이른바 '호호장'이라고 부릅니다. 제가 읽었던 몇 권의 책 중에 좋아하는 책을 모아 놓은 공간으로, 해봐야 책장 두칸이 전부이지만, 가끔 그 곳에 꽂혀있는 책등을 멍하니 쳐다볼 때가 있습니다.
지원서 질문과 호호장을 번갈아 보면서 내가 좋아하는 여러 책 중에서 하나로 나를 설명한다는 건 어려울 것 같다는 생각을 하는 중에, 책장 중간에 꽂혀있는 캐럴라인 냅의 '명랑한 은둔자'가 눈에 들었습니다. 그리고 그 책 제목으로 저를 표현했습니다. 그리 외향적이지는 못하지만 명랑한 성격을 갖고 있다 자부하기 때문인데, 40대 아저씨이지만 명랑하고 싶은 바람도 한 스푼 들어가 있습니다. "은둔하는 것을 좋아하지만 우울하지도 단순하지 않아!"라고 소개하고 싶었던 같습니다.

일에 대해 아는 만큼 나에 대해 아는 것도 중요한 것이겠죠? 일에 치이다 보면 나를 잃어 버리는 경우가 잦은 것 같습니다. 가끔 받게 되는 이런 '참기름 한 방울' 같은 질문이 나에 대해 생각할 수 있는 소중한 시간을 만들어 주는 것은 아닐까 생각합니다.

자칫 유치할 수 있는 것에 위트를 한 방울 떨어뜨리면 살아가는 소소한 재미가 되기도 합니다. 그런 점에서 '배민다움'을 비롯한 위트 한방울은 유치하고 건조할 수 있는 일상에 소소한 재미가 될 수 있을 것 같습니다.

세상 모든 지식과 경험은 책이 될 수 있습니다.
책은 가장 좋은 기록 매체이자 정보의 가치를 높이는 효과적인 도구입니다.

갈라북스는 다양한 생각과 정보가 담긴 여러분의 소중한 원고와 아이디어를 기다립니다.

– 출간 분야: 경제 · 경영/ 인문 · 사회 / 자기계발
– 원고 접수: galabooks@naver.com